Elogios para
El año de 12 semanas

"El tiempo es el mayor obstáculo para el progreso humano. El año de 12 semanas presenta un mapa de ruta que le brinda a los lectores velocidad, desempeño y resultados. La rapidez en la ejecución es el motor de impulso hacia el éxito. Brian Moran y Mike Lennington te ayudarán a ganar esta carrera. Es una lectura imperdible para quienes buscan alcanzar su máximo potencial".

—Josh Linkner, autor del *bestseller* de *The New York Times*, *Disciplined Dreaming*

"La idea que plantean Moran y Lennington con respecto a rendir cuentas es revolucionaria. Si despertamos a la realidad de que la libertad para elegir es el cimiento de la responsabilidad, dicha idea cobrará un nuevo significado".

—Cali Ressler y Jody Thompson, coautores de *Why Managing Sucks and How to Fix It*

"¡Usar *El año de 12 semanas* ha sido lo mejor que he hecho a nivel personal y profesional!".

—Wicho Hernandez, Presidente de LINQ Financial

"¡Lo que me gusta de *El año de 12 semanas* es que te ayuda a producir resultados! Las ideas que abundan en este libro son excelentes, pero no tienen ningún valor mientras no las pongas en práctica. Por años, les he recomendado el trabajo de Moran y Lennington a mis clientes. ¿Por qué? ¡Porque su sistema funciona!".

—Bill Cates, autor de *Beyond Referrals: How to Use the Perpetual Revenue System™ to Turn Referrals into High-Value Clients*

"Sin duda, *El año de 12 semanas* es el libro más práctico que he encontrado acerca de lo que se necesita para tener un buen desempeño. Si lo lees y lo estudias, si te comprometes a aplicarlo, *El año de 12 semanas* transformará tus resultados en los negocios y en la vida".

—James Shoemaker, Director Ejecutivo de Shoemaker Financial

"Tras dos décadas dirigiendo empresas, enseñándoles a otros a hacerlo y dando charlas sobre el tema, el desempeño cotidiano sigue siendo la parte más difícil del principio de hacer las cosas bien. En solo un libro, Brian y Mike han superado todo lo que se haya dicho antes con respecto a este tema".

—Dick Cross, autor de *Just Run It!*

"*El año de 12 semanas* es uno de los mejores libros prácticos que he leído. ¡Te funcionará!".

—Jack Krasula, presentador de *Anything is Possible* NewsTalk 760 WJR

"*El año de 12 semanas* es una lectura obligada para cualquiera que busque más equilibrio en su vida personal y profesional. No solo te presenta muchas ideas buenas y prácticas para mejorar tu desempeño en los negocios, sino que también incluye elementos prácticos que contribuyen a implementarlas".

—Robert Fakhimi, Director Ejecutivo y Presidente de Mass Mutual San Francisco

En mi carrera he experimentado solo dos cosas diferentes que, a mi parecer, han sido decisivas y el proceso propuesto por *El año de 12 semanas* es una de ellas. Le dio un vuelco total a nuestra agencia".

—Gregory A. McRoberts,
socio y Director de WestPoint Financial Group

"¡*El año de 12 semanas* es genial! La única manera en la que puedo cumplir mi horario como autor, orador, empresario, esposo y padre de cuatro hijos es siguiendo esta sencilla, pero brillante estrategia. No dejes que se te pase otro año sin descubrir el poder de este fantástico programa. Revolucionará tu vida y hará realidad tus sueños".

—Patrick Kelly, autor del *bestseller* a nivel nacional,
Tax-Free Retirement

"Los principios y disciplinas de alto desempeño delineados en este libro cambiarán tu vida personal y de negocios y te generarán un sentido de urgencia".

—Harris S. Fishman, Presidente de First Financial Group

"Brian y Mike tienen algo verdaderamente valioso. En ocasiones, la vida se interpone en nuestro camino, pero si consideramos los beneficios de nuestras acciones a largo plazo, nunca nos decepcionaremos a nosotros mismos, ni a quienes nos rodean. Los ejercicios y planes de vida presentados en este libro hacen de esta una lectura indispensable para todo el mundo, ya sea a nivel profesional o personal".

—Michael Vesuvio, Presidente de Emerald Financial

EL AÑO DE 12 SEMANAS

BESTSELLER DE *THE NEW YORK TIMES*

EL AÑO DE 12 SEMANAS

LOGRA EN **12** SEMANAS
LO QUE OTROS HACEN EN **12** MESES

BRIAN P. MORAN
MICHAEL LENNINGTON

TALLER DEL ÉXITO

El año de 12 semanas
Copyright © 2022 - Taller del Éxito

Título original: *The 12 Week Year:*
Get More Done in 12 Weeks than Others Do in 12 Months

Copyright© 2013 by *Brian P. Moran and Michael Lennington*.
All rights reserved. This translation published under license with the original published John Willey & Sons, Inc.

Reservados todos los derechos. Ninguna parte de esta publicación puede ser reproducida, distribuida o transmitida por ninguna forma o medio, incluyendo: fotocopiado, grabación o cualquier otro método electrónico o mecánico, sin la autorización previa por escrito del autor o editor, excepto en el caso de breves reseñas utilizadas en críticas literarias y ciertos usos no comerciales dispuestos por la Ley de Derechos de Autor.

Publicado por:
Taller del Éxito, Inc.
1669 N.W. 144 Terrace, Suite 210
Sunrise, Florida 33323
Estados Unidos
www.tallerdelexito.com

Editorial dedicada a la difusión de libros y audiolibros de desarrollo y crecimiento personal, liderazgo y motivación.

Director de arte: Diego Cruz
Diagramación y diseño de carátula: Joanna Blandon
Traducción: Eduardo Nieto Horta
Corrección de estilo Nancy Camargo Cáceres

ISBN: 9781607387749

25 26 27 28 29 R|GIN 12 11 10 09 08

CONTENIDO

13 **Capítulo 1**
El desafío

19 **PARTE I**
Cosas que crees saber

21 **Capítulo 2**
Redefine el año

31 **Capítulo 3**
La conexión emocional

37 **Capítulo 4**
Lanza el plan anual

43 **Capítulo 5**
Una semana a la vez

47 **Capítulo 6**
Confrontando la verdad

55 **Capítulo 7**
Intencionalidad

61 **Capítulo 8**
Rendir cuentas asumiendo resposabilidades

65 **Capítulo 9**
Interés versus compromiso

71 **Capítulo 10**
Grandeza en el momento

77 **Capítulo 11**
Desbalance intencional

81	**PARTE II**	Uniendo los puntos
83	**Capítulo 12**	El sistema de ejecución
93	**Capítulo 13**	Establece tu visión
107	**Capítulo 14**	Desarrolla tu plan de 12 semanas
125	**Capítulo 15**	Implementación del control del proceso
137	**Capítulo 16**	Llevando el puntaje
147	**Capítulo 17**	Retoma el control de tu vida
165	**Capítulo 18**	Responsabilízate
175	**Capítulo 19**	Compromisos de 12 semanas
191	**Capítulo 20**	Tus primeras 12 semanas
209	**Capítulo 21**	Pensamientos finales y la semana #13

Capítulo 1

El desafío

¿Por qué hay quienes parecen lograr muchas metas mientras que la gran mayoría de la gente nunca alcanza aquello que está en capacidad de hacer? Si supieras cómo aprovechar al máximo tu potencial, ¿qué sería diferente en tu vida? ¿En qué cambiaría si todos y cada uno de los días te desempeñaras al máximo de tu potencial? ¿Qué sería diferente dentro de seis meses, tres o cinco años si todos los días produjeras el máximo de rendimiento?

Esas preguntas, este concepto básico, es casi de lo único que se han tratado estos últimos años para Mike y para mí. Durante años, hemos estado ayudándoles a nuestros clientes a lograr un desempeño más eficiente. Trabajamos con personas, equipos y corporaciones haciendo planes que les ayuden a alcanzar sus metas. Nuestra búsqueda ha girado en torno a descifrar el secreto para ayudarles a individuos y organizaciones a obtener el máximo desempeño y disfrutar del estilo de vida al que tanto aspiran.

> "Si hiciésemos las cosas que estamos en capacidad de hacer, sin duda, nos sorprenderíamos a nosotros mismos". —**THOMAS EDISON**

Concuerdo con Steven Pressfield, autor de *The War of Art (La guerra del arte)*, cuando afirma que la mayoría de nosotros tiene dos vidas: la que vivimos y la que estamos en capacidad de vivir. La segunda es la que me intriga. A mi parecer, esa es la vida que todos deseamos, la que sabemos que existe en alguna parte, en lo profundo de nuestro ser y que quisiéramos hacerla realidad. Sin embargo, es una vida que no es para esa parte que hay dentro de ti que se conforma o se acostumbra a la procrastinación y a las inseguridades, sino para aquel ser óptimo, para la mejor versión de ti mismo, para el tú saludable. Ese tú que muestra lo mejor de ti, que hace realidad sus metas, que marca una diferencia, que disfruta de una vida llena de significado.

Ser esa persona óptima es una idea atractiva, ¿no crees? Pero ¿*cómo* convertirte en ella? ¿Qué necesitas para ser la mejor versión de ti mismo? Esa es una pregunta interesante y, como he tenido la oportunidad de viajar y conocer a miles de personas, suelo preguntarles: "¿Qué se necesita para ser tu mejor tú, para alcanzar la grandeza?". Como te imaginarás, he obtenido gran variedad de respuestas al respecto.

En este libro te mostraremos cómo aumentar cuatro veces o más tus resultados actuales en un muy corto tiempo. Aprenderás muy bien lo que se necesita para obtener tu máximo desempeño todos los días. Te develaremos los secretos de las personas más efectivas, de tal forma que aprendas a alinear tu mentalidad y tus acciones y producir resultados asombrosos. Estás por aprender que no es complicado generar grandeza en tu vida, ni en tu organización. De hecho, es todo lo contrario, pero eso no significa que no sea fácil.

El principal factor que impide que las personas alcancen lo que verdaderamente están en capacidad de hacer no es la falta de conocimiento, intelecto o información; tampoco es una nueva estrategia o idea, ni es la falta de una mayor red de conexiones; no es cuestión de trabajo duro, talento natural o suerte. Sin duda, todo esto contribuye y cada aspecto juega un papel importante, pero ninguno marca la diferencia.

Estoy seguro de que has escuchado que *el conocimiento es poder*, pero yo no estoy de acuerdo con esa afirmación. El conocimiento solo es poderoso si lo usas, si lo pones en práctica. Muchos dedican su vida entera a adquirir conocimientos, pero ¿con qué fin? El conocimiento en sí mismo no beneficia a nadie, a menos que quien lo adquiera haga algo con él. De igual manera, las grandes ideas no tienen valor si no se ponen en práctica. El mercado solo recompensa las ideas que se hacen realidad. En otras palabras, podrás ser inteligente y tener acceso a grandes cantidades de información e ideas, contar con muy buenas conexiones, trabajar con esfuerzo y poseer mucho talento natural, pero, al final, tu tarea es ejecutar. La ejecución es el único diferenciador en el mercado. Las grandes compañías y los triunfadores tienen una mejor ejecución que su competencia. Por tanto, la barrera entre tú y el estilo de vida que anhelas es tu falta de ejecución consistente. La ejecución efectiva te hará libre. Es *el* camino a lograr todo lo que deseas.

Piensa en áreas de tu vida en las que te hayas quedado corto, en las que hayas logrado menos de lo que deseas o de lo que te crees capaz de alcanzar. En cada uno de esos escenarios, si analizas con mirada crítica, verás que la falla suele estar en la ejecución. Por ejemplo, evalúa una nueva idea que alguien que no seas tú haya usado para alcanzar éxito. ¿Con qué frecuencia esa idea fracasa cuando tú intentas ponerla en práctica?

Entre nuestros clientes tenemos a una gran empresa de seguros que cuenta con más de 2.000 agentes y uno de ellos es de los mejores y nunca deja de estar en la cima año tras año. Como es de esperar, es común que otros agentes le pidan que les enseñe su metodología. Sin dudarlo un momento, este triunfador saca tiempo de su ocupada agenda para mostrarles con precisión a sus colegas lo que él ha hecho para generar tanto éxito. ¿Sabes cuántos han podido replicar su éxito? ¡Adivinaste! ¡Cero! Hoy, él se rehúsa a compartirles sus secretos porque nadie aplica lo que él les enseña.

El 65% de los estadounidenses tiene problemas de sobrepeso u obesidad. ¿Crees que haya un secreto para perder peso y estar en forma? La dieta y el buen estado físico constituyen una industria de $60 mil millones de dólares. Año tras año, se publican nuevos libros sobre dietas y ejercicios. Cuando hice la consulta sobre "libros de dieta" en internet, el resultado arrojó 45.915 entradas. Casi 46.000 libros; algunos con títulos reconocidos tales como *The Atkins Diet (Dieta Atkins)* o *South Beach Diet (La Dieta South Beach)*; también aparecieron otros menos conocidos como *Run Fat B!tch Run*. Sin embargo, los estadounidenses siguen teniendo sobrepeso y estando fuera de forma. La mayoría sabe cómo volver a estarlo (comer mejor, hacer más ejercicio), pero no lo hace, así que este no es un problema de *conocimiento*, sino de *ejecución*.

En nuestra experiencia, hemos evidenciado que la mayoría de la gente tiene la capacidad de duplicar o triplicar sus ingresos con solo aplicar consistentemente lo que ya sabe. Pero, a pesar de esto, sigue persiguiendo nuevas ideas, creyendo que la siguiente idea es la que les mejorará las cosas mediante una fórmula mágica.

Ann Laufman es un gran ejemplo de los beneficios de ejecutar la idea correcta. Ann es asesora financiera de Mass Mutual Houston. Siempre había tenido un buen desempeño y era exitosa en todo aspecto, pero sentía que era capaz de más, solo que no estaba segura de cómo hacerlo. Cuando su gerente presentó *El año de 12 semanas* en la agencia, Ann se involucró en él y, como resultado, experimentó un aumento del 400% en producción y llegó a ser la primera mujer asociada del año en los 103 años de historia de Mass Mutual Houston.

Lo interesante de todo esto es que Ann no comenzó a trabajar con clientes más afluentes, ni a organizar casos más grandes, ni a expandir su mercado objetivo —todo lo que la mayoría de los asesores procuraría hacer para aumentar su producción—. En lugar de eso, Ann se concentró en mejorar su ejecución haciendo lo que ya había estado haciendo, solo que de manera más consistente y fue al ejecutar esas pocas tareas trascendentales y las estrategias que mejor respaldaban su éxito que logro generar más altos ingresos sin trabajar más horas.

El caso de Ann no es único. Tenemos miles de ejemplos en los que tanto individuos como organizaciones enteras han experimentado asombrosos resultados mediante el simple hecho de aprender a ejecutar.

> "No es lo que conoces, ni tampoco a quién conoces, lo que cuenta es lo que implementas".

En *El año de 12 semanas* te mostraremos cómo desempeñarte al mejor de tus niveles y lograr las metas que más te importan en la vida mediante una ejecución efectiva. Ya conoces la mayoría de los temas que abordaremos, pero, como ya lo mencioné, hay una gran diferencia entre conocer y hacer. Por esa razón, te enseñaremos a tomar acciones consistentes sobre todos los aspectos que forjarán tu éxito.

Basándonos en nuestro constante trabajo de ejecución con nuestros clientes podemos decir que todos los conceptos que proponemos en esta lectura ya fueron desarrollados y puestos en práctica y que quisimos incluir solo los que funcionan y eliminar el resto. De esta manera, el producto final de nuestro trabajo es un libro conciso, pero poderoso, que da resultados. Aunque esperamos que te haga pensar, para nosotros es más importante que te inspire a la acción.

Escribimos *El año de 12 semanas* para cerrar la brecha relacionada con la ejecución. Está escrito de tal manera que te permita entender los conceptos fundamentales de la ejecución y estés preparado para aplicarlos de inmediato.

El libro está dividido en dos partes. La primera, te ayuda a entender el proceso para lograr tus metas más valiosas en semanas. La segunda, consiste en mostrarte cómo hacer realidad tus metas y te provee las herramientas y consejos específicos que necesitarás para respaldar las ideas planteadas en la primera parte.

Nuestro sistema de ejecución de 12 semanas es flexible y escalable. Los conceptos aplican de igual manera a personas como a grupos, ya sea a nivel personal o profesional. Organizaciones enteras, así como individuos, han aplicado *El año de 12 semanas* y han obtenido gran éxito.

Aunque el libro es conciso, los conceptos aquí contenidos son poderosos. Si los aplicas, mejorarás dramáticamente tus resultados. Sabemos que esto es verdad gracias a las miles de respuestas de los lectores de nuestra primera edición.

En pocas palabras, te mostraremos cómo mejorar sustancialmente tus resultados actuales, reducir el estrés, generar autoconfianza y sentirte mejor contigo mismo. No trabajando más, sino concentrándote en las actividades más importantes, manteniendo un sentido de urgencia para ejecutarlas y eliminando aquellas de bajo valor que te mantengan estancado.

Prepárate, ¡estás próximo a experimentar *El año de 12 semanas*!

—Brian P. Moran y Michael Lennington

Parte I

Cosas que crees saber

Esta parte te dará perspectivas frescas con respecto a lo que necesitas para ser grande y desafiará lo que crees saber con respecto a lo que requieres para desempeñarte a tu mejor nivel y alcanzar tu potencial.

> "Lo que cuenta es lo que aprendes después de saberlo todo".
> —JOHN WOODEN

Capítulo 2

Redefine el año

En la mayoría de las personas y organizaciones abundan las ideas. Trátese de técnicas efectivas de mercadeo, ideas de ventas, medidas de reducción de costos o mejoramientos en servicio al cliente, siempre habrá más ideas que las que puedas implementar con eficacia. La falla no está en el conocimiento, sino en la aplicación.

> "No adquirirás reputación únicamente basándote en lo que vas a hacer". —HENRY FORD

Uno de los obstáculos que impide que individuos y organizaciones alcancen su mayor potencial es el proceso de planeación anual. Tan extraño como suene, las metas y los planes anuales suelen ser un obstáculo para alcanzar alto desempeño. No estoy diciendo que las metas y los planes anuales no tengan un impacto positivo, pues sí lo tienen. Sin duda, te irá mejor teniendo metas y planes para cada año que no teniéndolos, pero hemos aprendido que, inherentemente, este proceso anual limita el desempeño.

Al trabajar durante muchos años con clientes, notamos el surgimiento de un patrón interesante. La mayoría de ellos creía, consciente o inconscientemente, que su éxito y fracaso lo determinaban lo que ellos habían logrado durante el año. Trazaban metas y planes anuales y, en muchos casos, dividían las metas en planes trimestrales, mensuales y hasta semanales. Sin embargo, al final, medían sus éxitos y fracasos por años. La trampa es lo que nosotros llamamos *pensamiento anualizado*.

Desecha el pensamiento anualizado

En la esencia del pensamiento anualizado está la silenciosa creencia de que en un año hay suficiente tiempo para hacer que las cosas sucedan. En enero, diciembre se ve muy lejano.

Piénsalo: comenzamos el año con grandes metas, pero al final de enero nos encontramos un poco atrasados con respecto a donde deberíamos estar. Y aunque no es agradable, tampoco nos preocupamos mucho, porque pensamos: "Tengo tiempo más que suficiente. Me quedan 11 meses para ponerme al día". Al final de marzo, todavía estamos un poco atrasados, pero una vez más, no nos preocupamos mucho. ¿Por qué? Porque seguimos pensando que tenemos tiempo de sobra para ponernos al día y seguimos con este patrón de pensamiento hasta finalizar el año.

Creemos, erróneamente, que nos queda mucho tiempo en el año y así también nos comportamos. Carecemos de un sentido de urgencia, no comprendemos que cada semana es importante, que cada día es importante, que cada momento es importante. En conclusión, ¡la ejecución efectiva sucede a diario y cada semana!

Otra premisa errada en torno al pensamiento anualizado es la noción de que, en algún momento, a medida que el año avance, tendremos un mejoramiento significativo en los resultados. Es como si fuera a suceder algo mágico a finales de septiembre u octubre produciendo así un progreso sustancial. Si no podemos lograr un avance sustancial esta semana, ¿qué nos hace pensar que sí podremos lograrlo en un instante para recuperar toda la parte del año en la que no hemos podido avanzar?

¡La realidad es que cada semana cuenta! ¡Cada día cuenta! ¡Cada momento cuenta! Debemos ser conscientes de esto: la ejecución se da a diario y cada semana, no mensual o trimestralmente.

El pensamiento y la planeación anualizados suelen conducir con más frecuencia a un desempeño menos que óptimo. Para desempeñarte a tu mejor nivel, tendrás que salir del modo anual y depurar tu pensamiento anualizado. Deja de pensar en términos de un año y concéntrate en marcos de tiempo más cortos.

El ciclo de ejecución anual enceguece tanto a personas como a empresas de que la realidad es que la vida se vive en el momento y que el éxito se crea en el momento, pues las tranquiliza haciéndoles creer que es posible posponer las acciones cruciales y aun así lograr lo que desean: alcanzar sus metas.

En este punto, quizá digas que casi toda organización opera de esta manera y que muchas alcanzan sus metas y hacen planes. Yo te diría que planear no significa que estén logrando lo que están en capacidad de alcanzar.

Hemos tenido exitosas organizaciones que han aumentado sus resultados en un 50% en tan solo 12 cortas semanas. Por ejemplo, le ayudamos a una operación de corretaje de $1.000 millones de dólares a que duplicara su productividad de ventas en tan solo seis meses. Eso no es posible operando en un ciclo de ejecución anual. No importa cómo se estén desempeñando las organizaciones o los individuos, siempre lo harán mejor en un entorno no anualizado.

Por esa razón, te invito a que te deshagas del pensamiento anualizado y mires lo que sucede.

Grandes cosas suceden al final del año

Quizás, hayas visto publicidad o escuchado discursos que anuncian "ofertas invencibles" a medida que se acerca el final del año. La realidad es que estos impulsos de fin de año obtienen resultados y son una práctica común en muchas industrias.

Si alguna vez has participado en las ofertas de fin de año de tu organización, sabrás que todas están concentradas en atraer más compradores y cumplir metas importantes. Esto implica que la diferencia entre el éxito y el fracaso de todo el año tiende a depender de los resultados obtenidos durante los últimos 60 días.

Observa y verás que es muy frecuente que los resultados se incrementen a medida que disminuyen los días restantes del año.

> "Nada te motiva más que una fecha límite".

Sucede todo el tiempo en las industrias de seguros y servicios financieros. Por tradición, para muchos agentes y firmas diciembre es el mejor mes del año y el último trimestre suele representar del 30% al 40% de las ventas anuales. Es asombroso lo que sucede cuando se tiene una meta y un plazo.

En efecto, el cierre de año es un tiempo emocionante en la mayoría de las industrias. La actividad crece y la gente se concentra. Con poco tiempo que perder y objetivos claros que alcanzar, los trabajadores se concentran en los proyectos y las oportunidades de más importancia y las tareas que no tienen relación directa con generar resultados son desplazadas por lo que sea verdaderamente importante a corto plazo.

Esa época del año también parece crecer en conversaciones en torno al desempeño. Los directivos, concentrados en alcanzar sus propias metas de desempeño, pasan más tiempo con sus asociados revisando los resultados y animándolos más que en ninguna otra época del año.

¿De qué se trata el cierre del año? ¿Por qué las personas se comportan de otra manera en noviembre y diciembre en comparación con lo que hacen en julio y agosto? La razón es que ellas saben que todavía tienen un plazo que, para la mayoría, es diciembre 31.

El fin de año representa una línea en la arena, un punto en el que medimos nuestro éxito o fracaso. No importa que se trate de un plazo arbitrario, todo el mundo lo adopta. Es la fecha límite que crea la urgencia.

Ya sea autoimpuesto o impulsado por la compañía, noviembre y diciembre es un tiempo de crisis, ya que, reconociendo que el plazo se está acabando, en esta época del año la gente pospone menos y les hace más frente a obstáculos y a tareas que había estado evitando a lo largo del año.

En los días que restan, un fuerte sentido de urgencia pasa a remplazar a la distracción y la inactividad. Se eliminan todos los obstáculos para lograr hacer negocios antes que termine el año y hay una fuerte oleada en la que muchos intentan cruzar la línea de meta antes que el tiempo se les acabe.

Además, surge una sensación de emoción junto con la expectativa de un nuevo año. Independiente de cómo haya sido tu desempeño durante el año, esperas que el próximo sea mejor. Si tuviste un año difícil, el próximo te da la oportunidad de comenzar de nuevo. Si has tenido un año excelente, tienes la oportunidad de construir sobre lo que ya lograste. Cualquiera que sea el escenario, el año nuevo trae esperanza y altas expectativas de buenas cosas por venir.

El fin de año es un tiempo emocionante y productivo. Las últimas cinco o seis semanas son la época más fascinante de todo el año. Durante este periodo, hay un frenético afán por terminar el año con fuerza y comenzar el nuevo con gusto. El problema es que esta urgencia solo se hace presente durante unas pocas semanas. ¿No sería genial si te enfocaras en generar esa energía, concentración y compromiso todas y cada una de las semanas del año? Bueno, ¡sí puedes hacerlo! *El año de 12 semanas* y el concepto de periodicidad te mostrarán cómo.

Periodicidad

La periodicidad comenzó como una técnica de entrenamiento deportivo diseñada para mejorar dramáticamente el desempeño. Sus principios son: enfoque, concentración y sobrecarga sobre una habilidad o disciplina específica. La periodicidad en los deportes es un régimen de entrenamiento enfocado que se concentra en una habilidad a la vez durante un tiempo limitado que, por lo general, es de seis semanas. Después de cada periodo de cuatro a seis semanas, el deportista pasa a la siguiente habilidad en la secuencia. De esta manera, se maximizan las capacidades en cada destreza. Durante la década de 1970, los primeros en aplicar esta técnica en su entrenamiento olímpico fueron los deportistas del Este de Europa. En la actualidad, la periodicidad sigue siendo ampliamente usada en varios regímenes de entrenamiento.

> "Somos lo que hacemos de forma repetida, así que la excelencia no es un acto, sino un hábito".
> —ARISTÓTELES

En nuestra práctica, observamos lo poderosa que era la periodicidad tanto para nuestros clientes como para nosotros mismos, así que la adoptamos en nuestro éxito personal y también en los negocios. Desarrollamos un método de periodicidad de 12 semanas que va más allá del simple entrenamiento en concentrarse en factores críticos que generan ingresos y equilibrio en la vida. *El año de 12 semanas* define lo que es importante para ti hoy, de tal forma que alcances tus objetivos a largo plazo.

El año de 12 semanas es un método estructurado que hace cambios fundamentales en tu manera de pensar y actuar. Es importante entender que los resultados alcanzados son una consecuencia directa de las acciones que realices y que, a su vez, tus acciones muestran tu manera de pensar. En conclusión, tu mentalidad es la que genera los resultados y la que crea tus experiencias en la vida.

(Ver figura 2.1.)

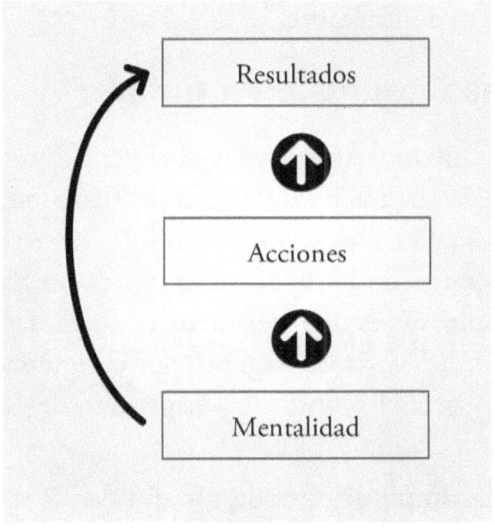

Figura 2.1 Tus resultados son la manifestación definitiva de tu manera de pensar.

A largo plazo, tus acciones siempre coincidirán con tu mentalidad subyacente. Cuando te concentras en cambiar tus acciones, experimentas mejoras incrementales; sin embargo, todo cambia cuando tu manera de pensar cambia. Tus acciones se realinean con tus nuevos patrones de pensamiento. Así es como generas grandes avances y estos no comienzan con tus acciones, sino que tú los generas mediante tu manera de pensar. Este es el poder de *El año de 12 semanas*, que cambia tu manera de pensar y crea oportunidades de progreso.

El resultado es un mayor sentido de urgencia y una mayor concentración en las pocas actividades elementales críticas que impulsan el éxito, la plenitud y la ejecución diaria de esos elementos para garantizar el logro de tus objetivos a largo plazo.

El año de 12 semanas provee las herramientas y el enfoque para que las personas y las organizaciones sean altamente exitosas. Les brinda claridad a sus lectores con respecto a lo que es importante y un sentido de urgencia diario para hacer lo que es necesario. Es más, se enfoca en cosechar las oportunidades de hoy y también en plantar las semillas esenciales necesarias para asegurar el éxito continuado.

12 Semanas equivalen a un año

Olvídate de un año. Ahora, ya conoces cuales son las trampas asociadas con la mentalidad anualizada. Redefinamos un año: un año ya no son 12 meses, ahora son solo 12 semanas. Es verdad, ahora es un periodo de 12 semanas. Ya no hay cuatro periodos en un año; esa es una vieja manera de pensar. Ahora, solo existe el año de 12 semanas, seguido por el siguiente año de 12 semanas y así hasta el infinito. Cada periodo de 12 semanas es único, es tu año.

Piensa en las implicaciones de un año de 12 semanas en tu vida. La emoción, la energía y la concentración que surgen cada diciembre ahora ocurren de manera constante. El impulso del fin de año para alcanzar tus metas ahora no sucede una vez cada 12 meses, sino todo el tiempo. La razón por la cual las personas comienzan a comportarse de otra manera en noviembre y diciembre es porque saben que diciembre 31 se aproxima y esto implica que ellas están próximas a evaluar su éxito o fracaso. Como lo indiqué antes, diciembre 31 es una fecha arbitraria, pero dado que marca el final del año calendario, ese parece un buen momento para hacer inventario. Esta fecha no tiene nada de mágico más allá del significado que nosotros mismos le damos. Tenemos clientes cuyo año financiero termina el 30 de junio y ellos experimentan un frenesí en junio mientras la organización se esfuerza por cerrar el año con un gran final. En gran medida, la fecha es inmaterial; lo que sucede es que es un punto en el tiempo donde el juego termina y sabremos si triunfamos o fracasamos.

El año de 12 semanas te da la posibilidad de escoger una nueva fecha para que cumplas tus metas a fin de que evalúes tu éxito (o fracaso). Lo mejor de tener un año de 12 semanas es que la fecha límite siempre está tan cerca que nunca la pierdes de vista y de esa forma obtienes un horizonte de tiempo que sea lo suficientemente amplio como para alcanzar a hacer todo lo que planees, pero tan corto como para que adquieras un sentido de urgencia e inclinación a la acción. Es natural en los seres humanos comportarnos diferente cuando se nos acerca una fecha límite. Tendemos a posponer menos, reducimos o eliminamos actividades que nos distraigan y nos concentramos en realizar lo que sí tenga importancia en el cumplimiento de nuestras metas.

Los años de 12 semanas también te obligan a confrontarte frente a tu falta de ejecución. Después de todo, ¿cuántas semanas malas puedes tener en un año de 12 semanas y aun así seguir teniendo un gran año? Como no puedes darte el lujo de tener más de una o dos semanas malas, cada día de la semana se hace más importante.

El año de 12 semanas reduce tu enfoque a una semana, y, más importante aún, al día, que es donde se da la ejecución. Ya no tienes la oportunidad de posponer las actividades críticas imaginando que te queda suficiente tiempo en el año. La ejecución efectiva no sucede mes a mes o trimestralmente o cada semestre, sino que se da a diario, momento a momento. *El año de 12 semanas* pone en el centro del escenario esa realidad.

Además, ahora experimentas la anticipación de un nuevo año cada 12 semanas. En el pasado, si alguien trazaba una meta alta para el año, pero para el tercer trimestre era evidente que no la alcanzaría, la falta de logro era desmoralizante. Es común que personas, e incluso equipos enteros, ya se hayan dado por vencidos en octubre para alcanzar sus metas. Con *El año de 12 semanas* eso nunca volverá a suceder. Cada 12 semanas tienes un nuevo comienzo, ¡un año nuevo! Así que, si has tenido un duro año de 12 semanas, tienes la oportunidad de sacudirte, recomponerte y volver a comenzar. Y si has tenido un gran año de 12 semanas, seguirás avanzando con el mismo impulso. Cualquiera que sea el escenario, cada 12 semanas tienes la posibilidad de experimentar un nuevo comienzo.

> *"¡El año de 12 semanas lo cambia todo!"*

Y tal como lo haces al final de cada año calendario, cada 12 semanas haces una pausa, celebras y te recargas. Puede ser un fin de semana de tres días o unas vacaciones de una semana, lo importante es tomarte el tiempo para pensar, reagruparte y recargarte. Para quienes están enfocados en el éxito es fácil mirar lo que está por delante y no apreciar por completo lo que ya han avanzado. *El año de 12 semanas* presenta, por lo menos, cuatro veces más oportunidades para reconocer y celebrar tu progreso y tus logros.

Tener el enfoque en un año de 12 semanas evita que te adelantes demasiado y hace que cada semana cuente.

Capítulo 3

La conexión emocional

La ejecución efectiva no es complicada, pero tampoco es fácil. De hecho, la mayoría de las personas y compañías lucha con tener una buena ejecución, pues siempre requerirá de emprender nuevas acciones y estas a su vez suelen ser incómodas.

Cuando enfrentamos un curso de acción que incluye tareas difíciles o incómodas, los costos a corto plazo de las acciones que emprendemos tienden a parecer mucho mayores que los beneficios a largo plazo que representa el hecho de alcanzar la meta. Debido a esto, personas y organizaciones enteras suelen abandonar las tareas, así como la estrategia completa. Hemos aprendido por experiencia que, para tener éxito en la ejecución, es esencial tener un fuerte interés emocional en el resultado.

Sin una razón atractiva para hacer una elección diferente, la mayoría elegirá acciones cómodas por encima de las incómodas.

Sin embargo, es un hecho que las acciones importantes suelen ser las incómodas. Según nuestra experiencia, vemos que el principal sacrificio que debes hacer para alcanzar la grandeza, convertir en realidad lo que puedes hacer y ejecutar tus planes, es dejar a un lado tu comodidad. El secreto para vivir tu vida a su pleno potencial es valorar las cosas importantes por encima de tu propia comodidad. Por tal razón, el primer paso crítico para lograr una buena ejecución consiste en crear y mantener una visión atractiva de ese futuro que deseas mucho más de lo que deseas tu propia comodidad a corto plazo y luego alinear tus metas y planes a corto plazo con esa visión a largo plazo.

Piensa en lo que de verdad quieres lograr. ¿Qué legado anhelas dejar? ¿Qué deseas para ti y tu familia? ¿Qué buscas a nivel espiritual? ¿Qué nivel de seguridad quisieras? ¿Qué nivel de ingresos y plenitud piensas obtener de tu carrera? ¿Qué intereses persigues? ¿Qué es lo que de verdad añoras hacer con el tiempo que te ha sido asignado?

Si vas a desempeñarte a un alto nivel, toma una nueva posición y sé grande, así que más vale que tengas una visión atractiva. Para alcanzar un nivel de desempeño mayor que el actual, vas a necesitar una visión del futuro más grande que la que tengas ahora. Debes encontrar una visión con la que tengas conexión emocional. Si no cuentas con visión atractiva, descubrirás que no tiene sentido afrontar el dolor del cambio.

> "Detrás de todo logro imposible hay un soñador de sueños imposibles". —ROBERT K. GREENLEAF

La visión es el punto de partida de todos los grandes desempeños. Tú creas las cosas dos veces: la primera, ocurre a nivel mental; la segunda, se da a nivel físico. La mayor barrera contra el alto desempeño no es la manifestación física, sino la creación mental. Nunca podrás superar tus modelos mentales. La visión es el primer sitio donde involucras tus pensamientos con lo que puedes alcanzar.

Debes ser claro con lo que quieres crear. La mayoría de la gente se concentra primero en su negocio o carrera, pero los negocios son parte de la vida y tu visión de vida es lo que le da verdadera tracción y relevancia a tus negocios. Por esa razón, comenzamos con tu visión personal, con cómo deseas que se vea tu vida en el futuro. Después de establecer eso, pasamos a cómo debe verse tu empresa a fin de alinearte con ella y dar paso a tu visión personal. Cuanto más atractiva a nivel personal sea tu visión, más probable será que tomes acciones para convertirla en realidad. Tu visión personal es la que crea una conexión emocional con las acciones diarias que deben darse en tu negocio.

Para aprovechar el increíble poder de tu visión, necesitas un futuro más brillante que tu presente. Si vas a tener un gran avance, si deseas pasar al siguiente nivel, tendrás que desplazarte en medio del temor, la incertidumbre y la incomodidad. Tu visión personal es la que te mantiene en el juego cuando las cosas se ponen difíciles.

Una atractiva visión personal crea pasión. Piensa en algo que te apasione y siempre encontrarás una visión clara detrás de ello. Si encuentras que te falta pasión, ya sea en tus negocios o en una relación, no estás teniendo una crisis de pasión, sino de visión. Te mostraremos cómo crear una visión personal atractiva y una visión de negocio que se alinee con tus metas de vida y las respalde.

> "Toda mi vida quise ser alguien. Ahora veo que debí ser más específica". —LILY TOMLIN

El primer paso es crear una visión personal, algo que capture con claridad lo que quieres en la vida y a su vez la articule. La visión personal debería definir la vida que deseas llevar en todas las áreas, incluyendo la espiritual, las relaciones, la familia, los ingresos, el estilo de vida, la salud y la interacción con tu comunidad. La visión personal crea los cimientos para un vínculo emocional entre los objetivos para tu negocio y los profesionales, para que haya una fuerte alineación entre lo que buscas en tu empresa y en la vida que deseas tener.

Además, tu visión de negocio es más poderosa cuando la desarrollas a la luz de tu visión personal. La razón por la cual muchas personas no terminan lo que comienzan cuando la situación se pone difícil es su falta de conexión con su vida personal.

Los objetivos de tu negocio no son el fin en sí mismos, sino los medios para alcanzar un fin. Con frecuencia, gerentes y empleados planean para tener éxito en los negocios, pero no conectan ello con la verdadera fuente de poder que les permitirá alcanzar ese éxito. En esencia, la razón por la que trabajamos gira en torno a la visión personal.

Cuando comprendes el vínculo que existe entre tu visión de vida y tu éxito en los negocios, puedes definir con precisión qué nivel de ingresos o producción debe generar tu empresa a fin de respaldar toda tu visión.

La visión te da esa línea de horizonte, ese vínculo emocional que te ayuda a superar los desafíos y a ejecutar tu plan. Cuando la tarea parece demasiado difícil o desagradable, tienes la posibilidad de volver a conectarte con tus objetivos y visión personales. Esta conexión emocional es la que te dará la fuerza interna para seguir adelante a pesar de cualquier dificultad permitiéndote alcanzar tus sueños y deseos.

Tu mente y tu visión

La mente humana es asombrosa. Como David Frost lo indicó en una ocasión: "Comienza a trabajar desde que te levantas en la mañana y no dejes de hacerlo hasta que te pongas a trabajar".

Nuestra mente es maravillosa, poderosa e inconsistente. Debido a sus múltiples funciones, a veces puede parecer que trabaja en objetivos encontrados. ¿Alguna vez has sentido que tu mente está en conflicto? De ser así, no estás solo (ni loco). Una investigación innovadora ha explicado qué es lo que experimentas en ese momento y te ofrece poderosas perspectivas sobre cómo usar tu mente con más eficacia para disfrutar de la vida que deseas.

Los investigadores han encontrado que una porción del cerebro, la amígdala, reacciona negativamente cuando enfrentamos incertidumbre y riesgo. Esta respuesta es muy útil para evitar el peligro y mantenerse con vida. Por desgracia, cuando imaginamos que el futuro será muy diferente al presente, sentimos incertidumbre porque no sabemos cómo crear y mantenernos el futuro que imaginamos. Cuando esto sucede, la amígdala se activa.

Es ahí cuando la parte de nuestro cerebro que evita el riesgo se interpone en nuestro camino. Busca mantenernos alejados de la incertidumbre y de situaciones riesgosas. Cuando comienzas a visualizar un futuro que va más allá de tu zona de comodidad y es sustancialmente más grande y audaz de lo que estás viviendo en la actualidad, la amígdala trata de apagar el proceso antes de que hagas algo perjudicial.

Esa es la mala noticia. En un nivel, estamos conectados para resistirnos al cambio y posponer la grandeza. La buena noticia es que también hay una porción del cerebro, llamada la corteza prefrontal, que actúa como un contrapeso para la amígdala. La corteza prefrontal se enciende cuando miras paisajes abiertos y lo interesante es que también se activa cuando imaginas grandeza para ti en el futuro. Los científicos pueden observar más impulsos eléctricos en la corteza prefrontal cuando los sujetos de prueba piensan sobre un futuro atractivo.

Las investigaciones también han mostrado que nuestro cerebro tiene una poderosa capacidad de cambio. En el pasado, los científicos pensaban que el cerebro humano, en esencia, era estático cuando llegábamos a la vida adulta, pero ahora saben que el cerebro puede cambiar con el tiempo. Las áreas que usamos con frecuencia crecen en densidad de conexiones neurales y en tamaño.

Esta capacidad de cambio es llamada neuroplasticidad y por esta razón es tan importante saber que el cerebro cambia y se desarrolla fisiológicamente basado en cómo lo usemos.

Esas son noticias buenas y malas. La mala noticia es que, si no eres intencional en el uso de tu corteza prefrontal, por defecto estás fortaleciendo relativamente la porción de tu cerebro que se resiste al cambio y te mantiene estancado. La buena noticia es que puedes cambiar tu cerebro solo con lo que piensas. Tienes la capacidad de fortalecer y desarrollar tu cerebro al pensar en un futuro atractivo para ti, al pensar con frecuencia y muchas veces en una visión inspiradora mediante la cual te conectes emocionalmente con la vida que deseas tener.

Y esta es la mejor parte: cuando piensas en una visión atrayente, las neuronas que se encienden en tu cerebro son las mismas que se encienden cuando tomas acciones respecto a tu visión. Eso significa que, literalmente, puedes entrenar tu cerebro para que tome acciones en cuanto a tu visión con solo pensar en ellas, pero el primer paso es crear una visión inspiradora y aprender a mantenerte conectado a ella.

> "Dime ¿qué planeas hacer con tu única, audaz y preciosa vida?" —**MARY OLIVER**

Capítulo 4

Lanza el plan anual

Cuando ya tengas una visión clara con respecto hacia dónde quieres ir, necesitarás un plan para llegar allá. Imagina que vas conduciendo, cruzando el país en unas vacaciones familiares, pero sin mapa. ¡Es muy probable que estés de acuerdo con que esa no es una muy buena idea!

"Una visión sin plan es un sueño vacío".

Tener un plan para alcanzar tu visión y tus metas profesionales es mucho más esencial que tener un mapa para recorrer el país. Sin embargo, la triste verdad es que la mayoría de las personas pasa más tiempo planeando un viaje que planeando sus negocios. El trabajo a partir de un plan tiene tres beneficios diferentes:

1. Reduce los errores
2. Ahorra tiempo
3. Provee enfoque

La planeación te permite pensar con anticipación para tener una mejor manera de alcanzar tus metas. Cometes errores en el papel y eso reduce las fallas durante la implementación.

Además, los estudios han demostrado que la planeación ahorra tiempo y recursos significativos. Esto tiende a sonar paradójico. De hecho, muchas personas sienten que, si no están haciendo algo constantemente, no están siendo productivas. La realidad es que la planeación hace parte del tiempo más productivo que puedes tener.

Por último, la planeación, como un buen mapa de ruta, te mantiene enfocado y con propósito. Esto es vital porque hay toda clase de distracciones cotidianas que te desviarán del curso. Tu plan siempre te lleva de vuelta a los puntos estratégicamente importantes.

Planeación de 12 semanas

Como ningún otro método que conozcamos, la planeación de 12 semanas aporta estos beneficios y otros frente a la planeación anual. No estamos hablando de planeación trimestral, recuerda, eso hace parte del modelo de pensamiento anualizado. Con la planeación de 12 semanas, cada 12 semanas es una unidad completa; cada bloque de 12 semanas es un año nuevo y una nueva oportunidad para alcanzar la grandeza.

La planeación de doce semanas también ofrece tres diferencias adicionales y diferentes de la planeación anual. La primera diferencia con la planeación de 12 semanas es que es más predecible que la de 12 meses. Cuanto más distante sea tu planeación hacia el futuro, menos predecible será. Con planes a largo plazo, los supuestos se van acumulando sobre otros supuestos previos, los cuales a su vez ya han estado acumulados sobre otros supuestos. Si eres tan bueno prediciendo el futuro, llámame, ¡me encantaría hablarte de tu elección de inversiones!

La realidad es que es muy difícil, si no imposible, determinar cuáles serán tus acciones diarias 11 o 12 meses hacia adelante. Por eso, los planes anuales suelen estar enfocados en objetivos.

Con un plan de 12 semanas, la predicción es mucho más clara. Teniendo un alto grado de certeza, puedes definir qué acciones debes implementar cada semana para las próximas 12 semanas. Los planes de 12 semanas se basan en números y actividades. Crean una fuerte conexión entre las acciones que emprendes hoy y los resultados que quieres alcanzar.

La segunda diferencia con respecto a la planeación de 12 semanas es que es más enfocada. La mayoría de los planes anuales tiene muchos objetivos y esta es una de las principales razones por las cuales fallas en la ejecución, pues contienen demasiado ya que estás planeando para 12 meses, planteando todo lo que quieres lograr para los próximos 365 días. Por eso, no es sorpresa que te desilusiones y te frustres. Te extiendes tanto, que te dispersas y esa no es una buena receta para el éxito.

Siempre habrá más oportunidades de las que puedas alcanzar con eficacia. Con el método del año de 12 semanas el objetivo es ser grande en unas pocas cosas en lugar de ser mediocre en muchas, ya que así identificas las tres cosas principales que tendrán el mayor impacto y procurarás realizarlas con intensidad. El plan de 12 semanas se concentra en unas pocas áreas clave y genera en ti la energía y la urgencia que necesitas para actuar.

La tercera diferencia con los planes de 12 semanas es la estructura. En nuestra experiencia, la mayoría de los planes se escribe con la meta implícita en el desarrollo de un plan y es muy frecuente que estos planes se queden olvidados en una atractiva carpeta y rara vez lleguen a ser implementados.

Cómo trazar metas

El principal punto de la planeación es ayudarte a identificar e implementar las pocas acciones indispensables que necesitas realizar para alcanzar tu meta. Si tu planeación no te ayuda a lograr una mejor ejecución, entonces el hecho de planear no tiene razón de ser. Sin embargo, la triste realidad es que la mayoría de los planes no se escribe con la implementación en mente. La forma como se estructura y se escribe el plan es crucial, pues afecta tu capacidad de ejecución efectiva. La planeación efectiva tiene como objetivo lograr un equilibrio funcional entre demasiada complejidad y muy pocos detalles. Tu plan debería comenzar con identificar tu(s) meta(s) general(es) para 12 semanas. La meta es la definición del éxito durante ese período y representa 12 semanas excelentes, así como el progreso intencional hacia tu visión de largo plazo.

> "Si no conoces hacia dónde vas, terminarás en otra parte". —YOGI BERRA

Cuando tengas establecidas tus metas para las 12 semanas, tendrás que determinar las tácticas que emplearás para alcanzarlas. La manera más fácil de hacerlo es dividir esas metas en partes individuales. Por ejemplo, si tu meta es ganar $10.000 dólares y perder 10 libras, deberías escribir tácticas por separado para tu meta de ingresos y para lograr perder peso. Las tácticas son las tareas diarias que te impulsan el alcanzar tus metas. Estas deben ser específicas, realizables e incluir fechas de plazo y responsabilidades asignadas. Tendremos más que decir acerca de cómo escribir tácticas efectivas más adelante en la sección de aplicación.

El plan de 12 semanas se estructura de tal forma que, si se completan a tiempo las tácticas, también se alcanzarán las metas. Recuerda, para evitar perder el rumbo con el enfoque de 12 semanas, tendrás que alinear tu plan con tu visión de más largo plazo.

Un plan de 12 semanas es poderoso. Permite que te concentres en lo que es importante en el momento. Recuerda que este plan no hace parte de un plan anual; esa es la vieja mentalidad anualizada.

Estas 12 semanas son tiempo suficiente para hacer lo que planeas, pero tan cortas como para generar y mantener cierto grado de urgencia. Para quienes tienen los mejores desempeños, los planes de 12 semanas son un mapa de ruta paso a paso que elimina la difusión, los retrasos y exige acción inmediata.

Capítulo 5

Una semana a la vez

Los resultados a largo plazo se crean con las acciones que realizas cada día. Sir William Osler, fundador de la Escuela de Medicina Johns Hopkins, afirmó que el secreto de su éxito era vivir la vida en "compartimientos de un solo día". Lo que él aprendió es que mientras planeamos para el futuro, actuamos a diario. Para que seas verdaderamente efectivo, tus actividades diarias deben alinearse con tu visión, estrategias y tácticas a largo plazo.

Al final, tienes mayor control sobre tus acciones las cuales generan resultados. Por eso, es tan importante hacer planes que incluyan actividades cruciales.

"Las grandes predictoras de tu futuro son tus acciones diarias".

El universo físico no responderá a tus deseos, no importa cuán apasionados o intensos sean estos. Lo único que mueve al universo es la acción. Como lo mencionamos antes, la visión importa porque define el juego definitivo y la dirección general hacia donde quieres ir. La visión también te da la motivación que necesitas para actuar, pero la visión sin acción es tan solo un sueño. Son las acciones consistentes las que hacen realidad los sueños.

Es aquí donde el progreso suele verse más afectado. La mayoría de la gente aspira a mejorar alguna área de su vida. Ya sea que desees ganar más dinero, encontrar un nuevo empleo, conocer a la pareja correcta, perder algunas libras de peso, mejorar una relación o ser un mejor golfista, padre o persona, desearlo nunca será suficiente.

No alcanza con tener la intención de cambiar; para que las cosas mejoren, y no solo una vez, sino de manera consistente, debes *emprender acciones* que estén relacionadas con cumplir esa intención. Como lo indicó el antiguo filósofo romano Lucrecio: "Gota a gota el agua rompe la roca". Las acciones que consisten en tareas cruciales necesarias para alcanzar tu meta son la clave para obtener lo que quieres lograr en la vida.

Tus acciones de hoy están conformando tu futuro. Si quieres saber qué te depara el futuro, mira lo que haces hoy, pues tus acciones son el mejor predictor de tu futuro. Si quieres predecir tu salud futura, préstales atención a tus hábitos alimenticios y al tipo de ejercicio que haces o dejas de hacer en la actualidad; si quieres predecir la salud de tu matrimonio, observa cómo son tus interacciones con tu cónyuge; si quieres predecir tu futuro laboral y tus ingresos, mira las acciones que realizas cada día laboral. Tus acciones cuentan la historia.

El plan semanal

> "Una onza de acción vale más que una tonelada de teoría". —RALPH WALDO EMERSON

El plan semanal es una herramienta poderosa que traduce tu plan de 12 semanas en acciones diarias y semanales. Es el instrumento que organiza y le da enfoque a tu semana y se convierte en tu plan de juego semanal. Mantendrá en curso las actividades principales que debes realizar cada día. Te permite estructurar tus actividades de tal forma que mantengas el enfoque en las tareas que sí son importantes a largo y corto plazo. Así, mantendrás el enfoque y serás productivo en el momento, en lugar de quedar atrapado en todo el ruido y las distracciones que tiendan a desviarte con facilidad.

Este plan no es una lista de pendientes, sino que refleja las actividades estratégicas y cruciales que debes realizar cada semana para poder alcanzar tus metas.

El punto de partida para un plan semanal efectivo es tu plan de 12 semanas, pues este contiene todas las tácticas que debes realizar para alcanzar tus metas de 12 semanas. Cada táctica tiene una semana asignada para ser terminada y hace avanzar tu plan semanal al indicarte cuáles son tus acciones diarias. Así que el plan semanal es solo una derivación del plan de 12 semanas; en esencia, es un doceavo de tu plan de 12 semanas.

Con el fin de usarlo con eficacia, tendrás que dedicar los primeros 15 a 20 minutos de cada semana a revisar tu progreso de la semana anterior y planear la que comienza. Además, los primeros cinco minutos de cada día deberías usarlos para revisar tu plan semanal a fin de planear las actividades de ese día.

Un año de 12 semanas te da mayor enfoque al destacar el valor de cada semana. Ahora, con el año de 12 semanas, un año equivale a 12 semanas, un mes ahora es una semana y una semana es un día. Si lo ves de esta manera, la importancia y el poder de cada *día* se hace mucho mayor. Tu plan semanal te permite concentrarte en tus acciones y ser muy bueno en unas pocas cosas y no mediocre en muchas. Para asegurarte de obtener lo mejor de tus esfuerzos, un plan semanal es una herramienta poderosa e indispensable.

Tu plan semanal abarca tus estrategias, prioridades, tareas a largo y corto plazo, así como tus compromisos en el contexto del tiempo. Te ayuda a concentrarte en los elementos de tu plan que debes realizar cada semana para mantener el rumbo de tus metas. Estas, a su vez, te mantienen en curso con tu visión. Todo está poderosamente alineado.

Para beneficiarte de esta herramienta tendrás que llevarla contigo todos los días y hacer tu trabajo según lo que hayas establecido ahí. Comienza cada día con tu plan semanal. Revísalo varias veces durante el día. Si has programado terminar una táctica en ese día, no vayas a casa antes de haberla finalizado. Así, te aseguras de que las tareas de suma importancia y las tácticas de tu plan no queden sin realizarse cada semana.

En síntesis, el plan semanal, más que cualquier otra herramienta, te ayudará en la ejecución diaria y semanal ¡y a alcanzar tu visión!

Capítulo 6

Confrontando la verdad

¿Te has preguntado por qué los deportes son tan motivadores? De hecho, no solo motivan a los jugadores, sino también a los espectadores. ¿Te imaginas cómo sería si otras personas (aficionados) vinieran a ver tu trabajo pagando por el privilegio de verte en acción? Una de las razones clave por las cuales los deportes son tan estimulantes es porque se llevan registros de ellos en diversas áreas.

Sin lugar a duda, llevar registros hace parte de la esencia de la competencia. Les hacemos seguimiento a los puntajes, a las medidas y a las estadísticas para determinar el nivel de éxito e identificar áreas en las que sea factible mejorar. En cualquier punto de un evento deportivo, todo jugador, entrenador y aficionado conoce muy bien la posición de su equipo, ya que esta clase de información brinda una base de conocimiento que guía las decisiones conducentes a mejores desempeños y a un nivel cada vez más elevado de éxito. En otras palabras, llevar registros de nuestro performance y de los resultados nos permite saber si lo que estamos haciendo es efectivo. Muy a menudo, fallamos en los negocios al no llevar registros de puntajes, y si no contamos con una medida objetiva, esto significará que no tendremos los datos necesarios para estar seguros con respecto a si estamos siendo efectivos o no. Al igual que en el campo deportivo, en los negocios, las medidas también impulsan el proceso.

En la década de 1960, Frederick Herzberg, un sicólogo industrial, se propuso determinar qué motiva a las personas en su lugar de trabajo. Su extensa investigación identificó que los dos principales motivadores son el logro y el reconocimiento. Pues bien, hemos encontrado que la única manera de saber si estás alcanzando logros es mediante la medición, es decir, llevando registro de tus puntajes. Una percepción errada muy común es que los puntajes afectan la autoestima, pero las investigaciones indican lo contrario. Las mediciones crean autoestima y seguridad porque estas documentan tu progreso y tus logros.

Midiendo los resultados

Llevar el registro de tus puntajes funciona como una verificación de la realidad y te brinda retroalimentación sobre tu desempeño, así como perspectiva sobre tu efectividad. Las mediciones efectivas hacen a un lado las emociones del proceso evaluativo y proveen una imagen franca de tu desempeño. A los datos no les interesa el esfuerzo o las intenciones, pues solo hablan de los resultados.

Todos tenemos la tendencia a racionalizar nuestros bajos resultados, pero cuando tenemos registros efectivos, nos vemos obligados a confrontar la realidad de nuestra situación, incluso cuando es incómoda. Aunque suele ser difícil, cuanto menos tardemos en confrontar la realidad, más pronto querremos cambiar nuestras acciones para producir más resultados deseables. Eso es lo que se logra con mediciones efectivas, que exigen que les prestemos atención y nos hacen responder con más prontitud, aumentando así las probabilidades de éxito futuras.

> "En Dios confiamos. Todos los demás, deben aportar sus datos". —W. EDWARDS DEMING

Las mediciones impulsan el proceso de ejecución. Son el ancla de la realidad. ¿Te imaginas al director ejecutivo de una gran corporación que desconozca las cifras? Lo mismo sucede contigo y conmigo. Como director ejecutivo de tu propia vida y de tus negocios, tú debes conocer las cifras. Las mediciones aportan una retroalimentación importante que te permite tomar decisiones inteligentes.

Las mediciones efectivas capturan los indicadores adelantados y rezagados que generan la perspectiva integral necesaria para tomar decisiones informadas. Los indicadores adelantados, es decir, datos tales como ingresos, ventas, comisiones, libras perdidas, porcentaje de grasa corporal o niveles generales de colesterol representan los resultados finales que estás procurando alcanzar. Los indicadores rezagados son las actividades que producen los resultados finales, por ejemplo, la cantidad de llamadas de ventas o referidos son indicadores de liderazgo en el proceso de ventas. Mientras la mayoría de las compañías y personas mide con eficacia los indicadores rezagados, muchos tienden a ignorar los indicadores adelantados. Un sistema efectivo de medición combina indicadores adelantados y rezagados.

El indicador de adelantados más importante que tienes es una medida de tu ejecución. Al final de cuentas, tienes más control sobre tus acciones, que sobre tus resultados. Los resultados los crean tus acciones. Una medida de ejecución te indica si hiciste lo que era más importante para alcanzar tus metas.

Ten presente que iniciaste con una visión, un objetivo atractivo para el futuro que era más grande que el presente. Luego, estableciste un conjunto de metas de 12 semanas alineadas con esa visión. Para cada meta desarrollaste acciones o tácticas describiendo los pasos que debes dar para alcanzarla. El elemento sobre el cual tienes un control más directo es la ejecución de tus tácticas. Saber en qué grado has cumplido con ellas es la medida de la ejecución. Puesto que estableciste tus metas de 12 semanas a la luz de tu visión a un plazo más largo, la medida de ejecución también representa el avance hacia tu visión.

Es de suma importancia que cuentes con una manera de medir tu ejecución porque esta te permite puntualizar etapas y responder con rapidez. A diferencia de los resultados, que pueden atrasarse semanas, meses e incluso años detrás de tus acciones, una medida de ejecución da retroalimentación más inmediata, lo cual te permite hacer ajustes en tiempo real de manera más rápida. La medida de ejecución también tiene otra razón por la cual es importante. Si no estás alcanzando tu meta, debes saber si se debe a una falla en el contenido del plan o en la ejecución, ya que el manejo es diferente dependiendo de la fuente de la falla. Una falla en el contenido de un plan sucede cuando las estrategias y las tácticas no son efectivas, mientras que una falla en la ejecución se da cuando no implementas por completo las tácticas planeadas.

Más del 60% del tiempo, las fallas se dan en el proceso de ejecución, pero por lo general, las personas asumen que algo anda mal con el plan y lo cambian. Esto es un error porque si no estás poniendo en práctica el plan, no tienes cómo saber si te funciona o no. La efectividad en las mediciones te ayudará a determinar la fuente de la falla y así podrás hacerle frente y corregirla. En la mayoría de los casos, a menos que estés teniendo un desempeño de alto nivel, no es necesario que cambies, ni ajustes tu plan. Lo mejor es que, cada vez que lo ejecutes, obtengas retroalimentación. Si tus acciones no producen lo que esperabas, haz los ajustes necesarios basándote en la retroalimentación del mercado, pero primero debes ejecutar tu plan. Muy a menudo, la gente quiere cambiarlo antes de haberlo ejecutado. Como regla general, rara vez deberías cambiarlo, a menos que hayas sido eficaz en la ejecución de tus tácticas y no hayas obtenido resultados. Quizá, hayas creado un plan excelente, pero nunca lo sabrás, a menos que lo implementes.

Sin embargo, si te estás desempeñando a alto nivel y los resultados que deseas no se están dando, entonces es hora de retomar tu plan y hacerle los ajustes del caso. La física nos dice que por cada acción hay una reacción, así que la buena noticia es que siempre que ejecutas, produces algo, quizá no sea lo que esperas, pero *algo* sucederá. Este *algo* es la retroalimentación del mercado y, si no la tienes, es imposible ajustar bien tu plan. Si no conoces las tácticas que ejecutaste, los cambios que hagas se basarán tan solo en conjeturas.

> "La verdad es el único piso seguro sobre el cual te debes parar". —ELIZABETH CADY STANTON

La tarjeta de puntaje semanal

La mejor manera de medir tu ejecución es trabajando a partir de un plan semanal (basado en tu plan semanal de 12 semanas) y evaluando el porcentaje de tácticas completadas. Con el fin de ayudarte a implementar tu año de 12 semanas, hemos desarrollado una herramienta llamada la tarjeta de puntaje semanal. Si has seguido el proceso hasta este punto, entenderás que el plan semanal representa las actividades cruciales que necesitas lograr cada semana para alcanzar tus metas globales. Así, la tarjeta de puntaje semanal te provee una medida objetiva de cuán buena ha sido tu ejecución del plan semanal. Con ella mides la ejecución, no los resultados. Te calificas sobre el porcentaje de actividades que completas cada semana.

Te animamos a trabajar en pro de la excelencia, no de la perfección. Hemos descubierto que, si completas con éxito el 85%

de las actividades de tu plan semanal, entonces será muy factible que alcances tus objetivos. Recuerda que tu plan contiene las prioridades que te aportarán más valor y tendrán el mayor impacto en tus resultados. En otras palabras, ¡para alcanzar la excelencia solo necesitas ser el 85% efectivo en el cumplimiento de tus prioridades!

Una advertencia: llevar puntuaciones no es para los débiles de corazón. En ocasiones, no lograrás un buen desempeño y tu puntaje será bajo. Muchos suelen abandonar su causa cuando llegan a este punto porque les falta el valor para enfrentar la realidad de sus acciones. En lugar de registrar el puntaje de su desempeño, se distraen con otras cosas que aparentan ser importantes en el momento. Con *El año de 12 semanas* no hay escondedero, pues arroja luz sobre las áreas en las que te estás desempeñando bien y en las que no. De vez en cuando, todos lucharemos con la ejecución. El sistema del año de 12 semanas te obliga a confrontar tu falta de ejecución y es incómodo, pero es lo que necesitas si te vas a desempeñar a tu mejor nivel. Esta incomodidad se conoce como *tensión productiva*.

La tensión productiva es el sentimiento incómodo que tienes cuando no haces las cosas que sabes que debes hacer. Cuando enfrentamos incomodidad, nuestra inclinación natural es resolver la causa por la cual la sentimos. En un esfuerzo por hacerlo, la gente suele elegir uno de dos caminos: uno, tomar la salida fácil, que es, simplemente, dejar de usar ese sistema y apagar la luz que pone en evidencia los puntos de quiebre en su desempeño. Por lo general, esta actitud toma forma de resistencia pasiva y la persona hace a un lado el tener registro de sus puntajes semanales, diciéndose a sí misma que lo hará después, pero ese después nunca llega.

El otro camino es usar la tensión productiva como catalizador para el cambio. En lugar de responder a la incomodidad desviándose hacia otra cosa, quienes alcanzan grandes logros usan la tensión como el impulso para avanzar. Si tú decides que renunciar no es una opción, entonces la incomodidad de la tensión productiva te obligará a tomar acciones sobre tus tácticas, lo cual te animará a avanzar en la ejecución de tu plan.

Si decides seguir en el juego, incluso con un puntaje semanal del 65% al 70% te irá bien. No lograrás todo lo que eres capaz de lograr, pero te irá bien. Es importante recordar que el proceso no consiste en ser perfecto, sino en mejorar cada vez más y más.

Las mediciones impulsan el proceso. Sin embargo, si quieres hacer una magnífica ejecución y lograr el mejor desempeño posible, la eficacia en el registro de puntajes es esencial. Tómate el tiempo para establecer un conjunto de medidas clave que incluyan indicadores adelantados y rezagados y, más importante aún, asegúrate de calificar tu ejecución. ¡Ten el valor de medir tu desempeño!

Capítulo 7

Intencionalidad

Todo lo que quieras lograr en la vida requiere de inversión de tu tiempo, así que, cuando quieras mejorar tus resultados, deberás afrontar la realidad de que tu suministro de tiempo es perecedero y nada flexible.

Incluso en esta era de rápida innovación y avances tecnológicos, el tiempo, más que cualquier otro recurso, sigue limitando nuestros resultados. Cuando les preguntamos a nuestros clientes qué les impide tener más logros, la respuesta que solemos escucharles con mayor frecuencia es su falta de tiempo. Sin embargo, *de todos los recursos personales, el tiempo es el más despilfarrado*. Un estudio realizado hace algunos años por salary.com encontró que la persona promedio ¡desperdicia casi dos horas diarias en el trabajo!

La importancia del sí y el no

La realidad es que, si no eres intencional en cómo inviertes tu tiempo, estarás dejando tus resultados al azar. Si bien es cierto que tenemos control de nuestras acciones y no de los resultados, estos son la consecuencia de nuestras acciones. Las acciones que elegimos realizar durante el día son las que determinarán nuestro destino.

A pesar de lo invaluable que es el tiempo, muchos afrontan cada día en sus propios términos. En otras palabras, satisfacen las diferentes exigencias del día a medida que se les presentan, dedicándoles la cantidad de tiempo que estas requieran sin pensar mucho en el valor relativo de cada actividad. Esta es una metodología reactiva en la que el día te controla a ti e impide que te desempeñes a tu mejor nivel.

Para comprender tu potencial debes aprender a ser más intencional con el uso de tu tiempo. Vivir con intenciones claras va en contra de la poderosa tendencia natural a ser reactivo, pues hace que organices tu vida en torno a tus prioridades y que elijas conscientemente aquellas que se alinean con tus metas y tu visión.

Cuando eres intencional en el uso de tu tiempo, sabes cuándo decir sí y cuándo decir no. Quizá, seas consciente de lo que pospones o de que estás realizando actividades de bajo nivel para evitar enfrentar una actividad menos agradable y de alto impacto. Cuando eres intencional con el uso del tiempo, lo desperdicias menos y lo dedicas más a tus acciones de alto valor, pero para esto debes estar dispuesto a ser disciplinado y estructurar tus días y semanas. La mejor manera de hacerlo es usando tu plan de 12 semanas para impulsar tu actividad de tal forma que, al final, seas tú el que establezcas tus metas para el día en lugar de permitir que sea el día el que te dirija a ti. La intencionalidad es tu arma secreta en la guerra contra la mediocridad.

> "No basta con estar ocupado, pues las hormigas también lo están. La pregunta es: ¿Con qué estas ocupado?" —HENRY DAVID THOREAU

Distribuye tu tiempo

Benjamín Franklin afirmó: "Si cuidamos los minutos, los años se cuidarán a sí mismos". Ese es un consejo sabio. El desafío para poner en práctica este principio es que, a lo largo del día, surgen *cosas*, situaciones que no esperabas y que terminan por consumir tus valiosos minutos.

Por lo general, no funciona muy bien tratar de reducir estas interrupciones y hasta termina siendo más difícil reducirlas que hacerles frente. En nuestra opinión, la clave para el éxito en el manejo del tiempo (el uso *intencional*) no consiste en tratar de eliminar las circunstancias no planeadas, sino en tratar de apartar cada semana el tiempo normal que sueles dedicar para realizar tus tareas de importancia estratégica. A este lo denominamos *tiempo de desempeño* y creemos que es la mejor manera que encontramos para ser efectivos en la asignación del tiempo. Consiste en implementar un sencillo sistema para apartar tiempo, recuperar el control de tu día y maximizar tu efectividad.

Existen tres componentes prioritarios para el tiempo de desempeño: *bloques de estrategia, bloques de amortiguación y bloques de escapada.*

Bloques de estrategia: un bloque estratégico es un bloque de tres horas de tiempo ininterrumpido programado cada semana durante el cual no aceptas llamadas telefónicas, ni faxes, ni visitantes, ni *nada*. En lugar de eso, concentras toda tu energía en tareas previamente planeadas y en las actividades estratégicas que te generen dinero.

Los bloques estratégicos concentran tu intelecto y creatividad en la producción de resultados notorios. Es probable que te asombre la cantidad y la calidad del trabajo que produzcas. Para la mayoría de las personas, un bloque estratégico por semana es suficiente.

Bloques de amortiguación: están diseñados con el fin de que te ocupes de todas las actividades no planeadas y de bajo valor, tales como revisar y contestar la mayoría de los correos electrónicos y mensajes de voz que suelen surgir durante un día normal. No hay nada más improductivo y frustrante que tener que lidiar con interrupciones constantes, pero todos hemos tenido días en los que las cosas no planeadas han absorbido nuestro tiempo.

Para algunas personas, un bloque de 30 minutos de amortiguación al día es suficiente; en cambio, otras necesitan dos bloques independientes de una hora. El poder de los bloques de amortiguación proviene de unificar actividades que tiendan a ser improductivas, para así incrementar nuestra eficiencia al manejarlas y tener mayor control sobre el resto del día.

Bloques de escapada: uno de los factores clave que ayudan en las mesetas de desempeño es la ausencia de tiempo libre. Los emprendedores y los profesionales se quedan atrapados trabajando más tiempo y con más esfuerzo, pero esta forma de trabajo desgasta su energía y entusiasmo. Para obtener mejores resultados, lo que suele ser necesario no es trabajar más horas, sino alejarse del trabajo. No es casualidad oír citar el famoso proverbio: "Solo trabajar y no jugar han hecho de Jack un chico aburrido". Cuando no tomamos tiempo libre del trabajo, podemos perder nuestra ventaja creativa.

Un bloque de escapada efectivo dura al menos tres horas y es para hacer cosas diferentes a trabajar. Es tiempo programado lejos de tu empresa durante horas normales de negocios que usarás para refrescar y revitalizar tu mente de modo que, cuando retomes tu trabajo, puedas hacerlo con más concentración y energía.

> "Si no tienes control de tu tiempo, no tienes control sobre tus resultados".

El tiempo de desempeño corresponde a más que bloques estratégicos de amortiguación y de escapada. Cuanto más puedas crear rutina en tus días y semanas, más efectiva será tu ejecución. La mejor manera de lograrlo es creando una imagen de cómo sería una semana ideal para ti.

El concepto de una semana ideal es planear en papel todas las tareas críticas que conforman una semana típica y organizarlas de tal forma que seas más productivo. Si no logras organizar en el papel todo lo que haces, de ninguna manera lograrás hacerlo en la realidad, así que el ejercicio de planear estratégicamente tu semana te llevará a tomar decisiones difíciles acerca cómo usar tu tiempo.

Mientras planeas tu semana ideal, si es posible, también puedes programar tareas de rutina a la misma hora, el mismo día de la semana.

Observa cuándo tiendes a estar en tu mejor nivel de productividad. ¿Eres alguien madrugador o te va mejor trabajando en la tarde o en la noche? Programa tus actividades más importantes durante la hora en la que seas más efectivo. Te mostraremos cómo planear tu semana modelo en el Capítulo 17.

Para muchos de nuestros clientes, el tiempo de desempeño ha tenido un impacto inmediato en sus resultados. Ganar control sobre unas pocas horas de cada semana suele tener un efecto dramático. Aprende a usar tu tiempo con más intención y no solo serás más efectivo, sino que también tendrás una mayor sensación de control, menos estrés y más seguridad.

Capítulo 8

Rendir cuentas asumiendo responsabilidad

El acto de rendir cuentas tiende a ser el concepto más mal interpretado en los negocios y en la vida. Muchos lo asocian con mal comportamiento, mal desempeño y consecuencias negativas. Por ejemplo, cuando un deportista hace algo que va en contra de las políticas de conducta de la liga a la cual él pertenece, el comisionado declara públicamente que la liga le pedirá cuentas a dicho deportista y luego le emitirá una multa o una suspensión. Por eso, no es extraño que la mayoría de la gente no quiera tener nada que ver con rendir cuentas.

> "Nuestro último acto de libertad, después del cual ningún acto de libertad es posible, es negar que somos libres". —PETER KOESTENBAUM

La gente suele hablar de *pedirles cuentas* a otros, en especial, cuando se trata de situaciones de negocios. A menudo, escucharás gerentes decir cosas como: "Necesitamos mejorar nuestra labor en llamar a otros a cuentas". Incluso, he escuchado a personas que tienen un interés genuino en desempeñarse mejor diciendo: "Solo necesito a alguien que me pida cuentas". Ese tipo de afirmaciones refleja la errada percepción que presenta el proceso de rendición de cuentas como una rutina que hay que imponer, pero eso no es rendir cuentas, sino afrontar las consecuencias de lo que hayamos hecho o dejado de hacer. Es más, es imposible hacer que otra persona rinda cuentas. Me gusta bromear diciendo que la única persona que puede rendir cuentas es uno mismo, rendirse es un acto de la propia voluntad, nadie puede rendirse en el lugar de otra persona.

Rendir cuentas no consiste en recibir consecuencias, sino en *asumir responsabilidad.* Es un rasgo del carácter, una postura en la vida, una disposición a apropiarte de tus acciones y resultados *sin importar las circunstancias.* En el libro *Freedom and Accountability at Work: Applying Philosophic Insight to the Real World,* los autores Peter Koestenbaum y Peter Block presentan la rendición de cuentas de la siguiente manera:

Tenemos una mentalidad limitada con respecto a la rendición de cuentas. Pensamos que la gente quiere huir de esta práctica y la percibimos como algo que hay que imponer. Debemos llamar a cuentas a las personas y diseñamos esquemas de recompensa y castigo para hacerlo. Estas creencias son tan dominantes en nuestra cultura, que son difíciles de cuestionar, pero son las mismas percepciones que nos impiden experimentar lo que deseamos.

La naturaleza del acto de rendir cuentas depende de comprender que todos y cada uno de nosotros tenemos la libertad de elegir. Esta libertad de elección es el cimiento de la responsabilidad.

Dar cuentas es comprender que siempre tienes que elegir; que, de hecho, en la vida no hay *obligaciones*. Las obligaciones son todo aquello que odiamos hacer, pero hacemos porque tenemos que hacerlo. Sin embargo, la realidad es que no tenemos que hacerlo. Todo lo que hacemos en la vida es cuestión de elección. Incluso en los entornos donde se requiera algo de ti, sigues estando en capacidad de elegir, pero hay una gran diferencia cuando enfrentas algo como una *elección*, si la comparas con una obligación. Cuando algo es una imposición, termina siendo una carga, es incómodo, y, en el mejor de los casos, lo haces con los mínimos estándares. Sin embargo, comprender que eres tú quien tienes la posibilidad de elegir traza un escenario muy diferente. Cuando eliges hacer algo, aprovechas tus recursos y das lo mejor de ti siendo esta una posición mucho más empoderadora. En conclusión, eres tú quien eliges tus acciones, tus resultados y las consecuencias.

> "Rendir cuentas no consiste en afrontar consecuencias, sino en asumir responsabilidades".

Los seres humanos tenemos tendencia a mirar fuera de nosotros mismos buscando qué mejorar y cambiar. Esperamos que la economía mejore, que el mercado de vivienda se incremente o que nuestra compañía desarrolle un nuevo producto, establezca precios más competitivos o haga mejor publicidad. Es fácil ser una víctima de las circunstancias externas, gastar tiempo y energía esperando e imaginando cómo sería nuestra vida si el mundo a nuestro alrededor fuera diferente, creyendo que esas son las claves para mejorar nuestros resultados. Pero la realidad es que no tenemos el control de ninguna de esas cosas. Lo único que controlamos son nuestros pensamientos y acciones, pero estos son suficientes solo si (y ese es un gran *si*) estás dispuesto a apropiarte de ellos.

No adoptes la impresión errada de que, por alguna razón, rendir cuentas como lo hemos descrito, es una conducta pasiva. Es todo lo contrario. La verdadera rendición de cuentas nos confronta de manera activa con la verdad, con la libertad de elección y las consecuencias de nuestras decisiones. En este sentido, rendir cuentas es una actitud muy empoderadora, pero debes estar dispuesto a confrontar la realidad y la verdad de tu situación.

Las perspectivas que tengas frente a la rendición de cuentas, junto con el nivel de agrado con en el que la adoptes, terminan afectando todo lo que haces, desde tus relaciones hasta tu capacidad de tener un desempeño efectivo. Todo cambia cuando comprendes que la verdadera rendición de cuentas consiste en elegir y hacerte responsable de tus decisiones. Pasas de la resistencia al empoderamiento, de las limitaciones a las posibilidades y de la mediocridad a la grandeza.

En conclusión, la verdadera rendición de cuentas es la que te haces a ti mismo. La única persona que puede llamarte a cuentas por cualquier cosa eres tú mismo y para tener éxito debes desarrollar la honestidad y el valor mental para hacerte responsable de tus pensamientos, acciones y resultados.

Capítulo 9

Interés versus compromiso

Los compromisos son una parte poderosa del año de 12 semanas. La habilidad de hacer y mantener compromisos mejora los resultados, crea confianza y fomenta equipos de alto desempeño. Pero muchos evitamos hacer compromisos, y, peor aún, a menudo, los incumplimos cuando las cosas se ponen difíciles. Para ser grandes en lo que hacemos, debemos mejorar en cuanto a cumplir nuestras promesas se refiere.

> "El compromiso es un acto, no una palabra".
> —JEAN-PAUL SARTRE

Una vieja ilustración habla de los compromisos de una gallina y un cerdo a la hora del desayuno. El aporte de la gallina es el huevo, así que ella solo se *interesa* a la hora del desayuno; en cambio, el cerdo aporta el tocino, por lo cual él sí está comprometido.

Esta es una ilustración muy drástica, pero presenta la imagen negativa del compromiso. En la realidad, los compromisos que se cumplen benefician a las partes involucradas al mejorar las relaciones, fortalecer la integridad y crear autoconfianza. Los compromisos son poderosos y a menudo cambian la vida.

Estoy seguro de que recuerdas algún momento en el que estuviste decidido a lograr algo significativo y estabas dispuesto a hacer lo que fuera necesario para convertirlo en realidad. Uno de los compromisos más poderosos que he hecho en la vida fue con mi padre. Fue en el verano después de mi primer año de universidad y recuerdo aquella conversación como si hubiese sido ayer. Estábamos trabajando en su jardín y hablábamos sobre ese primer año que yo acababa de culminar. Sin embargo, no tardé en notar que mi padre y yo teníamos perspectivas diferentes en cuanto a cuál era el propósito de la universidad.

El problema eran mis calificaciones. Yo estaba en la lista del decano, pero, por desgracia para mí, el decano tenía dos listas y mi nombre estaba en la de los estudiantes en período de prueba académica. Mi padre me dijo que no estaba dispuesto a seguir ayudándome con los costos, a menos que mejorara mis resultados. Me sentí muy mal y ese día hice un compromiso con él y conmigo mismo. Le prometí que, al retomar los estudios ese otoño, todas mis calificaciones serían A. Él me desafió a cumplirlo y añadió: "Si logras que todas tus calificaciones sean A, te daré $500 dólares, pero si no lo logras, entonces tú me los debes dar a mí".

Al retomar los estudios ese otoño, eliminé todos los obstáculos. Iba a clase, tomaba notas, leía bastante y hacía mis tareas. Además, dejé de participar en muchos eventos sociales, como sí había hecho durante el primer año. Al final, obtuve las calificaciones y todas eran A. Los $500 los gasté hace mucho tiempo, pero ese compromiso cambió mi vida. Comencé a aparecer en la lista positiva del decano y nunca volví a la otra.

Mi historia es un gran ejemplo de compromiso. Un compromiso es una promesa personal. Cumplir lo que les prometes a otros genera confianza y desarrolla relaciones fuertes. Y cumplirte a ti mismo lo que te prometes desarrolla tú carácter, estima y éxito.

> "Si no haces un compromiso, solo habrá promesas y esperanzas, pero no planes".
> —PETER DRUCKER

Una definición de compromiso que me gusta es "*el estado de unión emocional o intelectual a un curso de acción...*" (*American Heritage Dictionary*, cuarta edición). Según esta perspectiva, un compromiso es la decisión consciente de actuar para crear un resultado deseado.

Por intuición, todos sabemos que la habilidad de cumplir con los compromisos es fundamental para una ejecución efectiva y un alto desempeño, pero muchos solemos incumplir con lo que nos comprometemos. Al parecer, cuando las cosas se ponen difíciles, encontramos razones para no cumplir lo que prometimos y dirigimos nuestra concentración a otras actividades. A menudo, nuestro interés mengua cuando se nos dificulta avanzar. Es importante entender que hay una diferencia entre el interés y el compromiso. Cuando te interesa hacer algo, lo haces solo si las circunstancias así lo permiten, pero cuando estás comprometido con tus propósitos, no aceptas excusas, solo quieres resultados.

Cada vez que nos comprometemos a hacer algo, hacemos lo que no haríamos normalmente. La pregunta ya no es "¿y si...? La pregunta ahora es ¿*cómo*? El compromiso es poderoso, pero hay ocasiones en las que todos luchamos con comprometernos.

Las siguientes son las cuatro claves para tener éxito en el cumplimiento de nuestros compromisos:

1. **Un fuerte deseo:** para tener un pleno compromiso con un propósito, debes tener una razón clara y

personalmente atrayente. Si no cuentas con un fuerte deseo por cumplirlo, lucharás cuando te sea difícil implementarlo, pero si tienes un deseo atractivo, todo obstáculo que te parezca insuperable los verás como un desafío a vencer. El resultado final que desees lograr debe tener la suficiente importancia como para impulsarte a avanzar en medio de los tiempos difíciles y mantenerte en curso.

2. **Acciones clave:** cuando ya tengas ese deseo intenso de lograr algo, deberás identificar las acciones básicas que producirán ese resultado. En el mundo de hoy, muchos nos hemos convertido en espectadores en lugar de ser participantes. Debemos recordar que lo que *hacemos* es lo que cuenta. En la mayoría de los emprendimientos, suele haber muchas actividades que te ayudan a alcanzar tu meta. Sin embargo, por lo general, algunas pocas actividades elementales constituyen la mayoría de los resultados y, en algunos casos, solo hay una o dos acciones clave que producen los resultados finales. Es de suma importancia que identifiques esas acciones y te concentres en ellas.

3. **Evalúa los costos:** el compromiso requiere sacrificio. Cualquier esfuerzo representa beneficios y costos. Muy a menudo, afirmamos tener compromiso con algo, pero no consideramos los costos, esas dificultades que tendremos que superar para alcanzar lo que deseamos. Tales costos suelen incluir tiempo, dinero, riesgo, incertidumbre, pérdida de comodidad y cosas similares. Si identificas esos posibles costos antes de asumir el compromiso, elegirás de manera consciente si estás dispuesto a pagar el precio de ese compromiso. Y cuando enfrentes cualquiera de esos costos, será de gran ayuda reconocer que los anticipaste y decidiste que tu meta sí valía la pena.

4. Actúa según compromisos, no según sentimientos: En ocasiones, no sentirás deseos de realizar acciones cruciales. Todos hemos estado en ese punto. Levantarnos a las 5:30 a.m. para salir a correr en el frío invierno suele ser un hecho dantesco, en especial, cuando estás en una cama cómoda y tibia. Es en esos momentos que vas a necesitar aprender a actuar según tus compromisos y no de acuerdo a tus sentimientos. Si no lo haces, nunca crearás impulso y siempre quedarás estancado volviendo a comenzar o, como suele ser el caso, dándote por vencido. Aprender a hacer lo que debes hacer, sin importar cómo te sientas, es una disciplina elemental para el éxito.

Muchas veces, los compromisos se hacen más arduos según sea el marco de tiempo para el que se plantean. Es difícil comprometerte con algo de por vida, incluso cumplir una promesa durante todo un año tiende a ser desafiante. Con el plan del año de 12 semanas, no se te pide que hagas compromisos de por vida, ni tampoco anuales, sino de 12 semanas. Es mucho más factible que establezcas y cumplas un compromiso por 12 semanas que por 12 meses. Al final de ese tiempo, reevalúas tus compromisos y vuelves a comenzar.

Nuestros compromisos son los que le dan forma a nuestra vida. Son el cimiento de matrimonios sólidos, crean relaciones duraderas, impulsan nuestros resultados y nos ayudan a formar carácter. Saber que puedes contar con que harás algo que dijiste que harías es muy empoderador, al punto de no tener que proteger tus apuestas.

Capítulo 10

Grandeza en el momento

S e dice que, con la tecnología, el mundo ahora es más pequeño y yo creo que también se mueve más rápido. La vida parece ser más ajetreada e ir a más velocidad.

No me malinterpretes, la tecnología es muy buena. Ahora, mi teléfono tiene más capacidades de computación y utilidad que la primera computadora portátil que compré en 1988 casi por $6.000 dólares. La desventaja es que, en la actualidad, tenemos muy poco tiempo de inactividad. Antes, el tiempo para movilizarnos hacia y desde el trabajo lo usábamos para aumentar y disminuir la productividad, pero ahora la mayoría de la gente pasa ese tiempo en el teléfono. El margen natural de estos tiempos está desapareciendo, pero todavía necesitamos tiempo para relajarnos mentalmente.

En este nuevo mundo de tanta prisa, la capacidad de hacer varias cosas al tiempo es una habilidad muy valorada. Se cree que, para lograr más en el transcurso del día, debemos tener el horario lleno, estar completamente comprometidos y estar siempre corriendo. El temor es que de pronto nos perdamos de algo bueno, así que corremos de una reunión o un evento al otro, introduciendo entre ambos una o dos llamadas telefónicas. En mi caso, cuando estoy en reuniones, siempre estoy revisando mi correo electrónico y mis mensajes porque no quiero perderme de nada y con los mensajes de texto puedo tener dos o tres conversaciones a la vez. No muchos están dispuestos a admitir que así es como trabajan, pero solo mira a tu alrededor y verás que *así* es como la mayoría se comporta.

Lo irónico es que, en nuestros esfuerzos por no pernernos de nada, inconscientemente, nos estamos perdiendo de todo. Nuestra atención se dispersa en varios temas y conversaciones, y cuando procuramos hacer mucho, en realidad, le damos muy poco de nosotros mismos a determinada actividad. Nos sentimos estresados, agotados, exhaustos, frustrados y desconectados. Al final, este estilo, prácticamente, lo que nos garantiza es que seremos mediocres por el hecho de que nada tiene toda nuestra atención, ni tampoco la tienen nuestros proyectos importantes, ni nuestras conversaciones importantes, ni las personas importantes en nuestra vida.

La mayoría de la gente va tan rápido, que se pierde del verdadero disfrute de la vida. Muchos están físicamente en un sitio y mentalmente en otro. Eres más efectivo cuando tu mente y tu cuerpo están en el mismo lugar, cuando estás presente en el momento. Los deportistas lo llaman "jugar en la zona". Cuando estás presente en el momento, tus ideas son claras y enfocadas, tomas decisiones con facilidad y haces tus tareas casi sin esfuerzo. Cuando estás en el momento, vives con gracia y sin dificultad. Cuando estás presente por completo en el momento, cuando te conectas con el *ahora*, disfrutas más de la vida.

> "Lo mejor del futuro es que viene un día a la vez".
> —ABRAHAM LINCOLN

No puedes cambiar el pasado ni actuar en el futuro. Todo lo que tienes es el momento actual, el eterno presente. Ahora mismo, puedes afectar lo que te sucede para el resto de tu vida. El futuro se crea ahora, nuestros sueños se logran en el momento.

Mi esposa Judy y yo somos sobrevivientes de cáncer. Quienes han tenido que enfrentar esta enfermedad, bien seas tú mismo o algún familiar, conocen de primera mano lo rápido que cobra valor el momento presente. La realidad es que la vida pasa en el momento, la vivimos en el momento y, sin duda, la grandeza se crea en el momento.

Desempeñándonos en el momento

Como muchas personas alrededor del mundo, cada par de años, me sintonizo con los Juegos Olímpicos para ver a asombrosos deportistas obteniendo resultados increíbles. Hace unos años, mientras miraba los eventos, lo siguiente vino a mi mente: ¿en qué momento un campeón se hace grande? La respuesta obvia pareció ser aquel punto en el que la persona alcanza un alto nivel de desempeño, como ganar una medalla de oro, pero al analizar más a fondo mi pregunta, concluí que la grandeza no se alcanza con los resultados, sino mucho antes, cuando una persona elige hacer lo que sabe que debe hacer.

Sigamos con el ejemplo del deportista olímpico. Él o ella se hacen grandes no cuando rompen un récord mundial y ganan una medalla. Ahí es cuando el mundo los reconoce, pero en realidad, el evento es tan solo una evidencia de su grandeza, pues ellos la alcanzaron desde meses o quizá desde años antes, cuando decidieron correr la milla extra, nadar una ronda extra o hacer un salto más.

En mi opinión, diría que Michael Phelps no logró su grandeza cuando ganó su decimoctava medalla de oro, ni cuando ganó la primera. Él se hizo grande cuando decidió hacer aquello que le permitiría ganar. Cuando eligió esforzarse en su entrenamiento, pasar horas en el gimnasio y la piscina y consumir los alimentos que necesitaba su cuerpo en lugar de los que deseaba, fortaleciendo así su resolución mental. Ganar las medallas de oro era una sencilla evidencia de su grandeza. En otras palabras, creo que Michael Phelps ya había alcanzado su grandeza desde hacía muchos años atrás.

Los resultados no son la obtención de la grandeza, sino la confirmación de esta. Te haces grande mucho antes que los resultados así lo demuestren. Sucede en un instante, en el momento en que eliges hacer lo que debes hacer para ser grande.

> "Todo aquel que se propone disfrutar de un buen futuro no puede desperdiciar nada de su presente".
> —ROGER WARD BABSON

Lo que me parece profundo es que la diferencia entre la grandeza y la mediocridad es mínima cuando se trata de lo que hacemos a diario o cada semana, pero la diferencia en los resultados futuros es muy grande. La diferencia entre la grandeza y la mediocridad para un vendedor son dos o tres citas adicionales por semana, cinco o diez llamadas más al día, tres horas de una semana de 45 horas de trabajo dedicadas a trabajar *en* sus negocios. Para un gerente o líder, la diferencia quizá consista en reconocer más cada día el buen trabajo de un magnífico empleado, delegar una tarea en lugar de hacerla él mismo, pasar tres horas de su semana trabajando en prioridades estratégicas, darle elogios y reconocimientos verbales a alguien que tiene dificultades. Estas diferencias parecen menores en una base diaria o semanal, pero a largo plazo, resultan siendo significativas.

Dios nos ha dado la capacidad de ser grandes a todos y cada uno de nosotros. Lo que forma a un campeón es la disciplina que él tenga para hacer el trabajo extra, incluso, y especialmente, cuando no siente deseos de hacerlo.

La noticia alentadora es que, a pesar de tu desempeño en el pasado o en el presente, tú también puedes ser grande comenzando hoy mismo, si eliges hacer lo que sabes que debes hacer. En realidad, no es tan complicado. Al final, o se es grande en el momento o no se es grande en lo absoluto.

En el primer capítulo escribí acerca de las dos vidas que la mayoría de nosotros tenemos: la que vivimos y la que podemos vivir. No te acomodes a cualquier cosa que esté por debajo de la vida que puedes vivir. Haz el compromiso de ser grande cada día y observa lo que sucederá en tan solo 12 cortas semanas.

Capítulo 11

Desbalance intencional

El *año de 12 semanas* es poderoso y transformador. Aunque la gran mayoría de ejemplos que usamos en este libro aborda la aplicación del año de 12 semanas para tu negocio, estos aplican de la misma manera a todas las áreas de tu vida.

Un desafío que la mayoría de nosotros enfrentamos es equilibrar nuestro tiempo y energía entre el trabajo y la familia, el servicio comunitario y la recreación, el ejercicio y la relajación, las pasiones personales y las obligaciones. Demasiado tiempo y esfuerzo dedicados a una sola área suelen generar desgaste y, en general, falta de plenitud. Puedes comenzar a sentir como si un área de tu vida te está quitando energía, robándote el gozo y afectando tu verdadero propósito en la vida. No es de extrañar que tantas personas busquen recuperar el equilibrio en su vida.

> "Sin lugar a duda, el desafío del equilibrio entre el trabajo y la vida es la lucha más significativa que enfrentan el hombre y la mujer modernos".
> —STEPHEN COVEY

Tomada literalmente, la frase *equilibrio en la vida* es en realidad una expresión equivocada. Es natural creer que la meta del equilibrio en la vida es dedicarles la misma cantidad de tiempo y energía a las diferentes áreas de tu vida, pero en realidad no es práctico, ni te da la vida que deseas tener. Tratar de pasar igual cantidad de tiempo en cada área es improductivo y suele ser frustrante. El equilibrio en la vida no consiste en una repartición igualitaria de tiempo en cada área, sino que es más que todo un *desbalance intencional*.

El equilibrio en la vida se logra cuando eres intencional en cómo y dónde inviertes tu tiempo, energía y esfuerzos. En los diferentes entornos de la vida vas a tener que elegir concentrarte en un área antes que en otra y eso está bien, siempre que sea a propósito. La vida tiene diferentes etapas, cada una con su propio conjunto de desafíos y bendiciones.

> "El equilibrio entre la vida y el trabajo no existe. Hay que elegir entre ellos y tú eres quien debe hacerlo, pero recuerda que cada elección tiene sus consecuencias". —JACK WELCH

El año de 12 semanas te ofrece un excelente proceso para ayudarte a llevar una vida de desequilibrio intencional. Muchos de nuestros clientes usan *El año de 12 semanas* para concentrarse en algunas de las áreas clave de su vida y ganar nuevos terrenos. Piensa en lo que sería diferente para ti si cada 12 semanas te concentraras en algunas áreas de tu vida y lograras avances significativos.

Piensa en tu salud y en tu condición física. ¿Qué sería diferente si las próximas 12 semanas hicieras el compromiso de mejorar esta área? Una opción es establecer una meta de 12 semanas y crear un plan acorde a ese tiempo. En este escenario, identificarías una cantidad de tácticas que podrías ejecutar diaria y semanalmente durante las siguientes 12 semanas. Tu plan podría incluir tácticas como estas:

- Hacer 20 minutos de cardio tres veces a la semana.
- Entrenar con pesas tres veces por semana.
- Tomar al menos seis vasos de agua cada día.
- Limitar la ingesta de calorías a 1.200 diarias.

Otra opción es volver a trazar una meta de 12 semanas, pero en lugar de crear un plan táctico, identificas una acción *clave* (o núcleo) y un compromiso para completarla durante las siguientes 12 semanas. En ciertas instancias, un plan completo funciona mejor, mientras que, en otras, un compromiso clave es más productivo.

¿Y qué de tus relaciones, tu cónyuge o tu pareja, tu familia y tus amigos cercanos? Puedes usar *El año de 12 semanas* para crear mejores relaciones o crear más romance o intimidad con tu pareja. ¿Cómo serían diferentes esas relaciones si te comprometiste contigo mismo para hacer un verdadero progreso en las siguientes 12 semanas? Es tan simple como hacer un compromiso de acción para tener una noche de cita o una noche familiar a la semana y cumplirlo durante las siguientes 12 semanas. Es sorprendente lo que logras en tan solo 12 semanas cuando te comprometes con una acción específica.

Piensa en otras áreas como tu vida espiritual, financiera, emocional, intelectual y en comunidad. Quizá, sea hora de ser libre de deudas o de terminar esos estudios que suspendiste. Quizás, has estado pensando en escribir un libro, iniciar una fundación o aprender un nuevo idioma. Quizá, no puedas completar metas como estas en 12 semanas, pero sí puedes asegurarte de hacer progresos significativos. Desglosar tus metas más grandes en segmentos de 12 semanas no solo te permite hacer un progreso consistente, sino también celebrar los hitos a lo largo del camino. Cuando haces un verdadero progreso, sientes mayor satisfacción, te sientes más pleno y sigues motivado para ver el proyecto finalizado.

Para decidir en qué concentrarte, comienza con tu visión. Luego, califícate en las siete áreas de equilibrio en la vida, (es decir, espiritual, conyugal/compañero, familiar, comunitaria, física, personal y de negocios). Me gusta usar una escala de 1 a 10 para calificar mi nivel de satisfacción. Una puntuación de 10 es la mejor que puedo obtener en un área. En otras palabras, 10 es "excelente", según mi estándar; por el contrario, una puntuación de 1 sería "terrible", según mi estándar. Observa que estoy usando mi definición de éxito y satisfacción como la base de mi evaluación. Por ejemplo, si eres soltero y te sientes feliz así, quizá te califiques con 10 bajo la categoría de relaciones esenciales.

Cada una de esas áreas es bien sea una fuente de energía o un consumidor de esta. Piénsalo: si tu vida de trabajo es estresante, llena de incertidumbre e insatisfactoria, terminará afectando tu vida personal. Sin embargo, si tu carrera te da buenos ingresos y disfrutas de lo que haces, ese hecho te dará energía e impulso en otras áreas y tendrá un efecto positivo en ellas.

El año de 12 semanas tiene el poder de aumentar tus ingresos y riquezas materiales dos, tres o hasta cuatro veces. También tiene el poder de ayudarte a experimentar la misma magnitud de mejoramiento en el área que elijas. Aplica *El año de 12 semanas* a todas las áreas de tu vida y ¡prepárate para que sucedan cosas asombrosas!

Parte II

Uniendo los puntos

La Parte II nos da perspectivas adicionales y encierra más de una década de aprendizaje acerca de lo que se necesita para aplicar consistentemente los elementos básicos de la ejecución. En esta sección presentamos herramientas comprobadas, plantillas y consejos para ayudarte a aplicar *El año de 12 semanas* de manera poderosa y alcanzar tus metas.

> "¡Dentro de un año, desearás haber comenzado hoy!"

Capítulo 12

El sistema de ejecución

El *año de 12 semanas* te brinda un sistema de ejecución que te ayuda a operar a tu mejor nivel, generándote claridad y enfoque en lo que es más importante y dándote un sentido de urgencia para hacerlo ahora. Como resultado, día tras día haces más de lo que es importante para ti. Unos pocos días o semanas haciéndolo no son la gran cosa, pero cuando juntas día tras día tras día, semana tras semana, tras semana, el resultado que obtendrás será como un interés compuesto y en tan solo 12 semanas estarás en una posición muy diferente, tanto en lo personal como en lo profesional.

Quizás, al avanzar en la lectura de la primera sección de este libro hayas notado que, además de restructurar tu año a solo 12 semanas, también hablamos sobre varios elementos fundamentales. De hecho, hay ocho elementos que consideramos esenciales para el alto desempeño en cualquier trabajo. Esos ocho elementos son:

- Visión
- Planeación
- Control de procesos
- Medición
- Uso del tiempo
- Rendición de cuentas
- Compromiso
- Grandeza en el momento

En esta sección hemos organizado esos elementos en un conjunto de tres principios y cinco disciplinas. Hemos aprendido que organizarlos de esta manera te ayudará a entender mejor su funcionamiento como un sistema integral, facilitándote su aplicación consistente.

Uno de los desafíos con estas disciplinas y principios es que la mayoría de las personas sabe lo que son, pero saber y hacer son dos cosas muy diferentes. Cuando aprendas a aprovechar con más eficacia estos elementos en tu empresa y tu vida personal, te asombrará todo lo que eres capaz de lograr y lo rápido que puedes hacerlo.

Tres principios

La planeación del año de 12 semanas se desarrolla sobre un cimiento de tres principios que, al final, determinarán tu efectividad y éxito. Estos principios son:

1. Rendición de cuentas
2. Compromiso
3. Grandeza en el momento

Demos una mirada más detallada de cada uno de estos.

Rendición de cuentas: rendir cuentas consiste en *asumir responsabilidad.* Es un rasgo del carácter, una postura en la vida, una disposición a apropiarte de tus acciones y resultados sin importar las circunstancias. La misma naturaleza de la rendición de cuentas depende de comprender que todos y cada uno de nosotros tenemos la libertad de escoger. Esta libertad de elección es el cimiento de la rendición de cuentas y su principal objetivo es preguntarse a uno mismo: "¿Qué otra cosa puedo hacer para obtener el resultado que deseo obtener?".

Compromiso: el compromiso es una promesa personal que te haces a ti mismo. Cumplir lo que les prometes a otros genera relaciones fuertes y cumplirte a ti mismo lo que te prometes desarrolla tu carácter, te da autoestima y te produce éxito.

El compromiso y la rendición de cuentas son como la mano y el guante. En cierto sentido, el compromiso es la rendición de cuentas proyectada en el futuro. Es asumir responsabilidad del futuro. El desarrollo de tu capacidad de compromiso tiene un efecto dramático en tus resultados personales y de negocios. *El año de 12 semanas* te ayuda a desarrollar la capacidad de completar compromisos críticos y lograr resultados trascendentales en todas las áreas.

La grandeza en el momento: como lo escribí en el Capítulo 10, la grandeza no se alcanza cuando uno obtiene un gran resultado, sino mucho antes de eso, desde cuando uno elige hacer lo necesario para ser grande. Los resultados no son la *obtención* de la grandeza, sino la confirmación de esta. Te haces grande mucho antes que los resultados así lo demuestren. Sucede en un instante, en el momento en que eliges hacer lo que debes hacer para ser grande y cada vez que sigues eligiendo hacer lo necesario para lograrlo.

Estos tres principios, rendición de cuentas, compromiso y grandeza en el momento, crean el cimiento del éxito personal y profesional.

Cinco disciplinas

El año de 12 semanas aprovecha tu manera de pensar y las acciones que emprendes. En el nivel de acción, se concentra en crear capacidad dentro de un conjunto de disciplinas de éxito necesarias para una ejecución efectiva. Hemos observado que las personas de mejor rendimiento, sean deportistas o profesionales de los negocios, no son grandes porque tengan mejores ideas, sino porque sus disciplinas de ejecución son mejores. Estas cinco disciplinas son:

1. Visión
2. Planeación
3. Control de procesos
4. Medición
5. Uso del tiempo

El año de 12 semanas te ayudará a aplicar esas disciplinas de tal manera que aproveches tus conocimientos y destrezas, y que fomentes acciones consistentes.

Visión: una visión atractiva crea una clara imagen del futuro. Es crucial que tu visión de negocios se alinee con tu visión personal y la impulse. Este alineamiento asegura una poderosa conexión emocional que promueve un compromiso sostenido y acciones continuas.

Planeación: un plan efectivo aclara y se enfoca en las iniciativas y acciones de mayor prioridad, las cuales son necesarias para alcanzar la visión. Un buen plan se desarrolla de tal manera que facilita la implementación efectiva.

Control de procesos: el control de procesos consiste en un conjunto de herramientas y eventos que alinean tus acciones diarias con las acciones primordiales de tu plan. Esas herramientas y eventos se aseguran de que dediques más de tu tiempo a realizar actividades estratégicas que te generen dinero.

Medición: las mediciones impulsan el proceso. Son el ancla de la realidad. Las mediciones efectivas combinan los indicadores adelantados y rezagados que te dan la perspectiva integral necesaria para tomar decisiones informadas.

Uso del tiempo: todo sucede en el contexto del tiempo. Si no tienes control de tu tiempo, no tienes control sobre tus resultados. Debes usar tu tiempo con intenciones claras.

Es importante que veas la interconexión que existe entre estas cinco disciplinas. Si no tienes una visión clara y atractiva, entonces las otras disciplinas no importan porque no estás disfrutando de una vida planeada, sino al azar. Si tienes una visión, pero no tienes un plan, entonces tienes una fantasía. Si tienes una visión y un plan enfocado, pero te falta control del proceso, entonces tendrás muchas frustraciones, porque algunos días tendrás buena ejecución y avanzarás, pero otros días no serán así. Si tus disciplinas están en su lugar, pero te falta el valor para llevar un registro de puntaje, entonces de ninguna manera sabrás qué está funcionando y qué no, ni podrás hacer ajustes en tiempo real que te ayuden a acelerar tu éxito. Por último, si todo lo anterior está en su lugar, pero no eres intencional en aquello a lo que le dices sí y a lo que le dices no, entonces, el día te está controlando a ti.

El ciclo de cambio emocional

Aplicar *El año de 12 semanas* exigirá cambios y los cambios son incómodos. Es útil entender el proceso emocional que seguimos cuando enfrentamos el cambio y así no nos desviamos con facilidad. Siempre que decidimos hacer un cambio en nuestra vida, experimentamos una montaña rusa emocional. Los sicólogos Don Kelley y Daryl Connor describen este fenómeno en un documento titulado "El ciclo emocional del cambio" (ECOC, por su sigla en inglés) e incluye cinco etapas de experiencia emocional que exploraremos acá (con una leve modificación basada en nuestra experiencia). No importa el cambio que elijas hacer, siempre experimentarás este ciclo. Puedes planear nuevas relaciones, nuevas compras, nuevos empleos y nuevos vecindarios basándote en el ciclo emocional del cambio y siempre será lo mismo. A veces, los picos son más elevados; otras veces, los valles son más deprimidos; a veces, el ciclo es más corto; otras veces, es más largo, pero en todos los casos, enfrentarás este ciclo cuando decidas hacer un cambio en tu vida (Figura 12.1).

Hay cinco etapas emocionales por atravesar cuando alguien cambia su comportamiento:

I. Optimismo desinformado

II. Pesimismo informado

III. Valle de la desesperación

IV. Optimismo informado

V. Éxito y plenitud

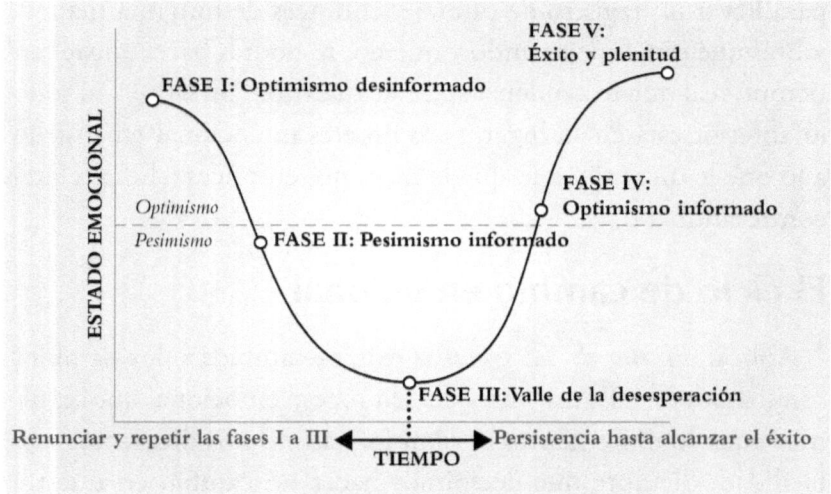

Figura 12.1 El ciclo emocional del cambio que usamos es adaptado del modelo de ciclos del cambio de Kelley/Connor, basado en la interacción con nuestros clientes que implementan la estrategia de *El año de 12 semanas*.

La primera etapa de cambio suele ser la más emocionante, porque imaginamos todos los beneficios y no hemos experimentado ninguno de los costos. Nuestras emociones están impulsadas por nuestro *optimismo desinformado*, el cual está en el área emocional positiva de la gráfica. Ves todos los beneficios del cambio y ninguna de las desventajas, así que esta etapa es divertida. Sugieres ideas y generas estrategias sobre cómo crear el nuevo nivel de resultados que deseas.

Por desgracia, el optimismo desinformado no dura mucho tiempo. A medida que aprendes más sobre la realidad de lo que necesitas para cambiar, las emociones positivas se pueden amargar. La segunda etapa de cambio, el *pesimismo informado*, se caracteriza por un cambio a un estado emocional negativo. En este punto, los beneficios no parecen tan reales, importantes o inmediatos y los costos del cambio son evidentes. Comienzas a preguntarte si el cambio de verdad vale la pena el esfuerzo y buscas razones para renunciar a él, y si eso no es lo suficientemente malo, las cosas empeoran.

A esta tercera etapa la llamo el *valle de la desesperación*. Es en este punto donde la mayoría se da por vencida. Todo el dolor del cambio se hace vívido y los beneficios parecen distantes o menos importantes y hay una manera rápida y fácil de terminar con la incomodidad: volver a la manera antigua de hacer las cosas. Después de todo, concluyes que *antes no era tan malo el asunto en cuestión*.

Si renuncias ante el cambio cuando estás en el valle de la desesperación, vuelves a la primera etapa, al optimismo desinformado, ¡que es mucho más divertido que estar en el valle!

Tener una visión atractiva es de suma importancia justo en esta etapa del valle de la desesperación. Casi todos hemos tenido tiempos en los que hemos deseado mucho tener algo por lo que estábamos dispuestos a pagar cualquier precio y superar cualquier obstáculo para obtenerlo. Quizá, fue nuestro primer auto o entrar a la universidad con la que siempre soñaste; quizás, era ir tras la persona con la que siempre quisiste casarte o en pos del trabajo de tus sueños, no importa lo que fuera, lo deseabas tanto, que habrías sacrificado con gusto tu propia comodidad para obtenerlo. Desear con mucha pasión lograr hacer realidad tu visión y combinarla con compromiso, las herramientas y los eventos del control de procesos es la manera para recorrer el valle y llegar a la siguiente etapa del cambio.

La cuarta etapa es el *optimismo informado*. En esta etapa, tus probabilidades de éxito son mucho más elevadas. Estás de vuelta en el área emocional positiva del ciclo. Los beneficios de tus acciones están comenzando a dar frutos y los costos del cambio se reducen porque tus nuevos pensamientos y acciones se están haciendo más rutinarios. ¡La clave en esta etapa es no parar!

El éxito y la plenitud están al final de la etapa del ciclo emocional del cambio. En esta etapa final del cambio experimentas por completo los beneficios de tus nuevos comportamientos y los costos del cambio han desaparecido casi por completo. Las acciones que al comienzo eran difíciles e incómodas, ahora se han convertido en una rutina. Cada vez que completas el ciclo, no solo desarrollas tu propia capacidad, sino también tu confianza. En este punto, puedes pasar al siguiente cambio que deseas implementar teniendo más seguridad de éxito.

El ciclo emocional del cambio es la descripción del impacto emocional del cambio. Al ser consciente de este ciclo, es menos probable que tus emociones negativas te desvíen y que puedas manejar el cambio con más eficiencia.

Sistema cerrado

El año de 12 semanas es un *sistema cerrado* en el sentido que contiene todo lo que necesitas para triunfar.

En nuestro taller de dos días, hacemos que los participantes enumeren todo lo que se necesita para alcanzar la excelencia.

Luego, escribimos esos elementos en un papelógrafo, por lo general, hay más de 20 puntos y la lista llena una o dos hojas grandes de papel. Cuando revisamos cada uno de los puntos, todos están representados en estas disciplinas y principios, por eso, si pones en práctica *El año de 12 semanas* como un sistema completo, lo único que lograrás será mejorar.

El desafío es que no todos lo aplican como un sistema. A menudo, las personas ponen en práctica algunos de los elementos y no aplican otros, y, como en cualquier sistema, el todo es exponencialmente mayor que la suma de las partes. Aplica y aprovecha cualquiera de las disciplinas o principios y tendrás beneficios al hacerlo, pero el verdadero avance lo obtienes cuando los aplicas todos a plenitud. Al hacerlo de esta manera, tu plan para tu año de 12 semanas se convierte en un sistema de autocorrección que te marca un camino que te permite identificar cualquier avance y tomar acciones correctivas de manera oportuna. Es un sistema de práctica deliberada diseñado para el mejoramiento continuo.

Además de ser un sistema cerrado, *El año de 12 semanas* también facilita el cambio. Cuando lo instalas como tu sistema operativo, haces que los siguientes cambios sean más fáciles. Usemos una computadora como analogía: a lo mejor, tengas el mejor programa que se pueda comprar, pero si tu sistema operativo no funciona, esos programas no valen nada. Todos hemos experimentado esto en ocasiones, cuando la impresora no imprime, el documento no abre o la computadora se congela.

Cuando instalas tu plan para tu año de 12 semanas como tu sistema operativo, este le saca provecho a los sistemas de tus otros negocios. Por ejemplo, la mayoría de las compañías tiene sistemas de mercadeo, ventas, productos, servicios, tecnología y otros procesos de negocios. Sin un sistema de ejecución, tendemos a depender de nuestros sistemas actuales porque son familiares y predecibles, en especial, al enfrentar cambios. Cuando tu año de 12 semanas es tu sistema operativo, es compatible con todos los otros sistemas de negocios, así, cuando llegan los cambios, y van a llegar, no experimentas un gran caos (Figura 12.2) y, en lugar de eso, fácilmente puedes incorporar nuevos sistemas como un programa de conexión y ejecución.

Las personas necesitamos estabilidad, que algunas cosas sigan igual. Como sistema operativo, el plan del año de 12 semanas sigue igual. Te provee una plataforma consistente para implementar iniciativas corporativas y cambiar esfuerzos sin el caos que suele acompañar el cambio. Para una persona funciona como el cimiento diario que no cambia. *El año de 12 semanas* no es algo más que haces, ¡sino cómo haces las cosas!

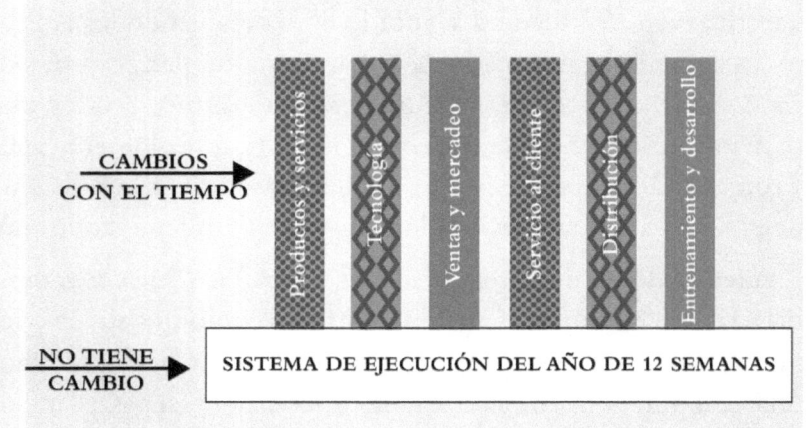

Figura 12.2 *El año de 12 semanas* no está atornillado sobre todo lo demás que tienes que hacer. Para que funcione a largo plazo, debe convertirse en el sistema que usas para hacer todo lo demás. Debe ser tu sistema de ejecución.

En los siguientes capítulos, ahondaremos en las disciplinas y principios de *El año de 12 semanas*. Te daremos una mayor perspectiva, así como herramientas y ejercicios que puedes usar para aplicar con eficacia y aprovechar estos elementos fundamentales con el fin de lograr más en 12 semanas que lo que la mayoría de la gente logra en 12 meses.

Capítulo 13

Establece tu visión

El primer paso para comenzar a avanzar con *El año de 12 semanas* es definir una gran visión para ti. Este debería ser un ejercicio divertido e inspirador. La visión es crucial porque tendrás días en los que no sentirás deseos de realizar tu plan. Para ayudarte a mantener el rumbo, necesitarás una razón poderosa para hacerlo y esa es precisamente tu visión.

Sal Durso, un viejo amigo y cliente, tiene una perspectiva personal sobre el poder de la visión.

> *Hemos aplicado las disciplinas de* El año de 12 sema*nas a nuestra firma por años y esta ya se convirtió en algo natural, pues es la manera como hacemos las cosas y mantenemos el curso incluso cuando surgen obstáculos.*
>
> *Hace poco, nuestra firma perdió gran parte de sus ingresos cuando un grupo de nuestros asesores clave renunció y se llevó consigo sus clientes y los respectivos ingresos que*

estos generaban. Sin duda, ese fue un tiempo muy difícil para la firma y me afectó personal y profesionalmente. Las personas que se fueron no solo eran asociados de negocios, sino que también habían sido mis amigos por mucho tiempo y su partida tuvo un impacto profundo en todos los que quedamos.

Pude haberme hecho la víctima y culpar a los que se fueron debido a toda esa pérdida. Y es verdad, al recordar, quizá por un par de días, tuve la actitud de "por qué a mí", pero al final, mi deseo y visión de desarrollar una empresa que sobreviviera mucho tiempo más después de mi administración fueron los que tuvieron prelación.

Durante ese tiempo, hice un muy merecido viaje de verano y fui al asombroso Estado de Alaska. Estando allá, cambié intencionalmente mi manera de pensar y consideré las cosas que habían hecho que mi vida fuera tan maravillosa. Una relación con Dios, que me ama, una esposa y una familia de los que cualquier hombre estaría orgulloso y una empresa que está llegando a un punto que pocos verán en sus vidas, ¡50 años de operaciones rentables!

Como parte del viaje a Alaska, hicimos un fantástico recorrido de canotaje por el río Kennicott. Mientras navegábamos, siguiendo una curva del río, apareció ante nosotros un asombroso mar de flores color púrpura. Las flores se extendían por todo el costado de la montaña hasta donde podían ver nuestros ojos. Nuestro guía dijo que esas plantas se llaman "epilobio" y que, tan solo unos pocos años atrás, esa parte del bosque había quedado carbonizada por un incendio forestal. Cuando esa manta de color púrpura aparece, esa es la primera señal de que el bosque se está regenerando. Ese nuevo bosque que estaba por surgir me llenó de asombro y me dio un sentido de esperanza y expectativa. Al parecer, hasta la naturaleza tiene su manera de crear una visión para lo que viene.

En ese momento, pensé que, en lugar de contemplar los restos carbonizados de nuestra pérdida, necesitábamos concentrarnos en las nuevas señales de resurgimiento en *nuestra empresa. Como líder de la organización, era claro que nuestra firma necesitaba la misma visión que yo tenía y que mi papel era fijarla.*

Al volver a mi oficina, llegué emocionado y con un nuevo aire, así que gran parte de las siguientes semanas la dediqué a hablar con cada uno de los miembros del equipo para preguntarle qué hacía única nuestra organización y qué pensaban cada uno de ellos acerca del futuro. Estas conversaciones y muchas horas de contemplación me ayudaron a crear una visión que un año después se convirtió en nuestro campo de epilobios, en la luz que guía nuestra compañía.

Tras un año de nuestro incendio forestal, los epilobios han brotado y están germinando las jóvenes plántulas que nos harán más fuertes que antes. Nuestro equipo de liderazgo, junto con nuestros asesores y personal, dice que nuestra firma es un mejor lugar gracias a lo que sucedió tan solo un año atrás. Como líder, sé que la visión con la que todos estamos comprometidos es el agente de cambio que le dará forma a nuestra organización en los años por venir. El verdadero éxito se dará cuando las personas comprometidas con una visión en común trabajen juntas para obtener un resultado en común. Pueden venir más tormentas de fuego, pero nuestra visión y fe nos ayudarán a superarlas.

Sal vio el poder que tiene la visión para crear movimiento y progreso y tomó acciones en ese sentido. Muchas personas se pierden el potencial que la visión tiene para crear la energía emocional necesaria que inspire a acciones positivas incluso en un entorno de tierra carbonizada. ¿Tienes tierra carbonizada como en el caso de Sal o estás bien, pero aspiras a mayores alturas? En ambos escenarios, una visión atractiva es la fuerza poderosa para que avances. *Las visiones más poderosas dan dirección y alinean tus aspiraciones personales con tus sueños profesionales.* Al final, tu visión profesional suele financiar y darle curso a tu visión personal. Para que tu visión te ayude a avanzar en medio de la incomodidad del cambio, debes tener claro lo que deseas obtener en la vida. La mayoría de las personas se concentra más en sus empresas o carreras, pero tu empresa es parte de tu vida y, en realidad, tu visión de vida es la que le da tracción y relevancia a tus negocios.

Las mejores visiones son las grandes. En nuestra experiencia, nunca se podrá lograr nada sin que sea precedido por una gran visión. Todos los grandes logros de la humanidad, desde la medicina hasta la tecnología, los viajes espaciales o la red mundial de información, primero fueron visualizados y *luego* fueron creados. Todos tus grandes logros personales también deben ser precedidos por una visión. Así que te desafiamos a soñar en grande e imaginar verdadera grandeza para ti. Tu visión debe ser lo suficientemente grande como para hacerte sentir, por lo menos, un poco incómodo.

Imposible, posible, probable, un hecho

Por desgracia, cuando imaginamos un futuro mucho más grande que nuestra realidad actual, comenzamos a pensar que es imposible para nosotros. Vemos que otros han logrado grandes cosas, pero comenzamos a pensar que no hay manera de que nosotros también *podamos* llegar allá. Cuando comienzan a visualizar un logro importante que está mucho más allá de lo que han alcanzado en el pasado, la pregunta que la mayoría de las personas se hace de inmediato es: ¿cómo podré hacer esto? Esta es una pregunta equivocada en el comienzo del proceso. La realidad es que no sabes cómo hacerlo porque, si supieras, es bastante probable que ya lo estarías haciendo y te encontrarías viviendo esa realidad. El hecho de no saber cómo hacerlo crea la percepción de que es imposible, al menos para ti, y te hace pensar en nuevas metas en una escala descendiente pasando de lo imposible a la certeza. Tu capacidad para alcanzar una meta es moldeable según esta mentalidad. El problema es que, si crees que esa meta es imposible, nunca la lograrás. Henry Ford afirmó: "Si crees que puedes, o piensas que no puedes, tienes razón en ambos casos".

Así que, el primer paso para alcanzar tus sueños más grandes es pasar de la mentalidad de lo imposible a la de lo posible. Esto lo haces no preguntando *¿cómo?* Mejor pregunta *¿qué tal si...?* ¿Qué sería diferente para ti, tu familia, tus amigos, tu equipo, tus clientes y tu comunidad? Al preguntar *¿qué tal si...?*, te das permiso para pensar en esa posibilidad y para comenzar a conectarte con sus beneficios. Al hacerlo, el deseo se intensifica y la puerta de tu futuro comienza a abrirse, pero apenas lo suficiente para que, automáticamente, comiences a pasar de la mentalidad de lo imposible a la de lo posible.

Cuando ves que tu visión es posible, entonces comienzas el cambio de lo posible al siguiente nivel: el de lo probable. Este cambio lo haces al hacer las preguntas que evitamos antes: *¿cómo podría?* "Cómo" no es una mala pregunta; en realidad, es una pregunta muy buena, pero el tiempo es crucial. Hazla demasiado pronto y lo más probable será que cancelarás todo el proceso, pero cuando veas que tu visión es posible, resulta esencial preguntar *¿cómo?*. Si la pregunta *¿qué tal si...?* es la pregunta de visión, entonces preguntar *¿cómo?* es la pregunta de planeación.

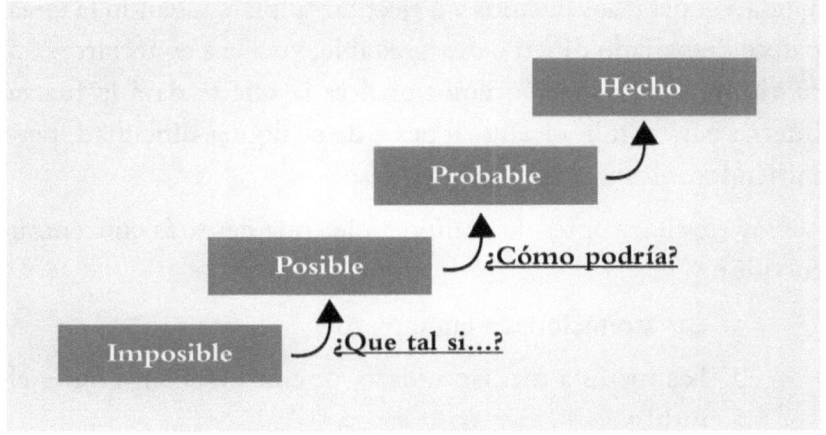

Figura 13.1 El recorrido de ejecución es primero un recorrido de pensamiento. Si crees que algo es imposible, entonces lo es. Lo más importante es creer que sí eres capaz de alcanzar tus metas.

El cambio final necesario en tu manera de pensar para crear una visión efectiva es pasar de lo *probable* a *un hecho*. Este cambio se da de forma natural, a medida que comienzas a implementar las acciones planeadas. *Un hecho* es un estado poderoso de la mente en el que cualquier duda desaparece y, en tu mente, ya estás viendo los resultados finales. Cuando ves que los resultados comienzan a materializarse, tu mentalidad cambia casi de forma automática a un hecho (ver Figura 13.1).

Cómo esbozar tu visión

Las mejores visiones equilibran tu vida personal y profesional. Por lo general, tu pasión surge de tu visión personal y es la fuente de energía que te ayuda a avanzar en medio del dolor del cambio y del valle de la desesperación. Si vas a hacer un gran avance y a llegar al siguiente nivel, tendrás que hacerlo en medio del temor, la incertidumbre y la incomodidad del valle de la desesperación. Tu visión personal es la que te mantiene en el juego cuando las cosas se ponen difíciles.

La visión te da un horizonte, ese vínculo emocional que te ayuda a superar los desafíos y a ejecutar tu plan. Cuando la tarea parece demasiado difícil o desagradable, vuelve a conectarte con tu visión. Esta conexión emocional es la que te dará la fuerza interna para seguir adelante a pesar de cualquier dificultad, permitiéndote alcanzar tus sueños y deseos.

Hay tres horizontes de tiempo en los que desearás concentrar tu visión:

1. Las aspiraciones a largo plazo
2. Las metas a mediano plazo, de unos tres años hacia el futuro
3. Las 12 semanas (de lo que hablaremos en el siguiente capítulo)

Visión aspiracional

Comencemos con la visión aspiracional a largo plazo. Al formular tu visión, debes dejar que tu mente se expanda para imaginar e incluso abrazar las posibilidades que solemos hacer a un lado en nuestra vida cotidiana porque no son lo suficientemente inmediatas para dedicarles nuestra atención o son imprácticas o demasiado audaces como para considerarlas y mucho menos para procurar alcanzarlas. Toma unos minutos ahora mismo y piensa en todo lo que deseas tener, hacer y ser en la vida. ¿Qué es más importante para ti a nivel físico, espiritual, mental, relacional, financiero, profesional y personal? ¿Cuánta libertad de tiempo deseas tener? ¿Qué ingreso quieres generar? Escribe en una hoja todo lo que venga a tu mente; no dejes nada por fuera.

Ahora, toma los elementos que escribiste con los que tengas mayor conexión emocional y crea una visión para tu vida de 5, 10, 15 años hacia el futuro. Sé audaz y valiente, diseña una visión de vida que te inspire y cumpla tu propósito. No hay respuestas correctas o equivocadas. Esta es la vida que deseas profundamente.

Visión aspiracional

- _____
- _____
- _____
- _____
- _____
- _____
- _____

Visión a tres años

Ahora que has pensado en las posibilidades para tu vida, seamos específicos. Según tu visión a largo plazo ¿qué deseas hacer durante los próximos tres años? Describe lo más detallado posible cómo visualizas una *gran* vida personal y profesional dentro de tres años. Cuanto más específico seas en esta etapa, más fácil será crear tus metas de 12 semanas y tu plan para alcanzarlas.

Visión a tres años

- _____
- _____
- _____
- _____
- _____
- _____
- _____
- _____

Cambio de mentalidad

Por naturaleza, la visión es un ejercicio del pensamiento, pero tu manera de ver el concepto de visión afecta el grado en el que la aprovechas y te beneficias de ella.

La creencia limitante y predominante respecto a la visión es que es suave y acolchada, insignificante en la ecuación del éxito y la obtención de resultados. Pero, como ya lo sabes, ese no es el caso. La visión, cuando se aborda de manera correcta, es el interruptor de encendido y la fuente de energía de alto desempeño. Es el absoluto *por qué* detrás de todo lo que haces. Vista bajo esta óptica, la visión tiene el poder de capacitarnos para enfrentar y conquistar los temores, llevar a cabo acciones audaces de manera consistente y construir una vida de significado.

El cambio de pensamiento, dejando de ver la visión como algo gaseoso para verla como la madre de todos los antecedentes, resulta ser esencial y rendirá grandes dividendos. Cuando comprendas el verdadero poder de la visión, desearás pasar más tiempo conectado a ella para comenzar a liberarte de las limitaciones autoimpuestas que te han retenido. La visión es el punto de partida de todos los grandes desempeños.

Aplicación de equipo

Aunque la visión es, por lo general, un ejercicio personal intensivo, un líder a menudo puede tomar acciones específicas que le ayuden a dirigir a sus subalternos para que aprovechen mejor sus visiones. La visión es el mejor punto de partida para todas las relaciones de entrenamiento efectivas que se basen en desempeño, pues da un sentido de propiedad. Si diriges a tu equipo para que se apropie de sus visiones, será mucho más fácil ayudarles a hacerse responsables de sus metas, así como de planear tácticas. Este es un paso crítico, porque sin él, las metas y los planes que desarrollen serán los tuyos y no los de ellos.

Revisa las visiones de tu equipo en sesiones individuales uno a uno. Pídeles permiso para revisar con ellos sus visiones profesionales. Profundiza indagando por qué esa visión de negocios que tienen es importante para ellos. Explora cómo el hecho de alcanzar sus metas de negocios les ayuda en su vida personal. Indaga acerca del nivel de propiedad y conexión emocional que tienen para su visión.

Preguntas que revelan el grado del sentido de propiedad

- ¿Por qué los elementos de tu visión son importantes para ti?
- Si haces realidad tu visión, ¿qué podrías hacer entonces que no puedes hacer ahora?

- Si alcanzaras esa meta, ¿qué sería diferente para ti, tu familia, tus amigos, tus colegas, tus clientes y tu comunidad?
- ¿Estás dispuesto a comprometerte con las acciones que necesitas para alcanzar tu visión?
- ¿Con quién has compartido tu visión?
- ¿Con qué frecuencia has vuelto a mirar tu visión desde que la escribiste?
- ¿Qué acciones debes realizar para progresar con tu visión y alcanzar tus metas a 12 semanas?
- ¿Qué riesgos o barreras existen que te impiden alcanzar tu visión y tus metas?
- ¿Cómo puedo apoyarte mejor y ayudarte a alcanzar tus metas y tu visión?

Cuando ellos tengan una clara responsabilidad de su visión, el siguiente paso es ayudarles a crear un plan de acción para alcanzarla. En el Capítulo 14, la sección de cómo hacer la planeación de 12 semanas te ayudará en la realización de este paso.

Cuando realices sesiones de entrenamiento individuales con tus subalternos (y te animamos a hacerlas al menos una vez al mes), comienza la conversación con la visión de ellos. ¿Están haciendo avances? Conversa sobre su disposición a tomar las acciones cotidianas necesarias para alcanzarla. Si no están dispuestos a emprender las acciones difíciles, hazles ver la realidad de que no podrán alcanzar su visión a largo plazo. El punto de quiebre es cuestión de asumir responsabilidad. Cuando alguien es renuente a tomar las acciones necesarias para alcanzar una meta, ese es un indicador de que prefiere su comodidad actual más que el futuro descrito en su visión. En estos casos, las personas tienen que hacer un par de elecciones: reducir sus expectativas en la vida o encontrar el ánimo y la disciplina para ejecutar de manera consistente las tácticas de su plan de acción. La buena noticia es que muchas veces, cuando se ven enfrentados con esta elección, los miembros de tu equipo se reconectan y eligen la visión que aspiran por encima de su propia mediocridad.

Visión de equipo

Como líder, es importante que establezcas una visión de equipo para tu compañía, división o grupo. No estamos hablando de una declaración de visión redactada para enmarcarla y colgarla en la pared. La visión del equipo es similar a la visión individual porque describe el destino en un punto fijo del futuro. Como grupo, todos los miembros que lo integran quieren dejar huellas con respecto a lo que es más importante. Esto se logra mejor logrando que todos y cada uno de ellos desarrolle primero su visión individual y luego se reúnan como grupo para crear una visión común para el equipo.

Al crear la visión del equipo, debes aplicar muchas de las mismas dinámicas usadas en la creación de las visiones personales. Comienza con el largo plazo, haciendo que todos propongan ideas acerca de cómo se podría ver en el futuro una gran compañía u oficina. Haz que sean lo más específicos posible y que asignen valores numéricos donde se pueda. Dales a todos la oportunidad de compartir con el grupo lo que piensan; luego, reduce el horizonte; invítalos a que miren tres años hacia el futuro y a que trabajen juntos para determinar los elementos específicos que seguirán siendo parte de la visión y los que no.

Trampas comunes y consejos de éxito

Trampa #1. No tomas en serio el poder de la visión

Algunas personas, en especial las personas tipo A, creen que la visión es solo relleno. Quienes conciben la visión de esta manera, tienden a saltarse la pregunta de propósito y se lanzan a la acción. El problema es que, cuando las cosas se ponen difíciles, es más difícil que ellos mantengan el compromiso con el trabajo a largo plazo porque no sienten una motivación atractiva, ni cuentan con un *porqué* persuasivo. Los comportamientos asociados con estas tramas no mantienen tu visión frente a ti, ni alinean tus planes con esta, ni tampoco te recuerdan lo que contiene.

Trampa #2. La visión no es significativa para ti

A veces, somos superficiales en la organización de nuestra visión. Capturamos lo que pensamos que deseamos, lo que creemos que se supone que debemos hacer en lugar de hacer lo que es significativo para nosotros. Visualizar toma tiempo. Sigue trabajando en esto hasta que tengas algo que cree conexión emocional.

Trampa #3. Tu visión es demasiado pequeña

Una visión pequeña no exige nuestros mejores esfuerzos. No tenemos que estirarnos, ni nos vemos en la necesidad de sacrificar nuestra comodidad. Una visión pequeña puede ser alcanzable, pero no usamos lo mejor de nosotros. Para ser más efectiva, tu visión debe hacerte sentir incómodo y desafiarte a hacer las cosas diferentes y de otras maneras.

Trampa #4. No conectas tu visión con tus acciones diarias

Cada día es una oportunidad para progresar en tu visión o para mantenerte a flote. Si trabajas a partir de un plan alineado con tu visión, puedes estar seguro de que estás trabajando en las actividades más importantes todos los días.

Has organizado tu visión y la has revisado para evitar cometer esos errores comunes. Ahora, tenemos tres pasos importantes que dar para hacer que tu visión sea más poderosa para ti:

Consejo de éxito #1. Compártela con otros

Compartir tu visión aumenta tu compromiso. Cuando le dices a otra persona lo que deseas lograr en la vida, sientes más responsabilidad de hacerlo.

Consejo de éxito #2. Mantente en contacto con tu visión

Imprímela y mantenla contigo. Revísala cada mañana y actualízala siempre que descubras cómo hacerla más vívida y significativa para ti.

Consejo de éxito #3. Vive con intención

Al final de cada día, toma unos minutos para revisar el progreso que hiciste. ¿Avanzaste o estuviste tan ocupado en cosas que no tienen relación con tu visión? Decide ser intencional en tus acciones para progresar con tu visión. ¿Qué acción realizarás mañana?

Capítulo 14

Desarrolla tu plan de 12 semanas

Este capítulo te guiará en el desarrollo del plan de tus primeras 12 semanas. Antes que comiences a diseñarlo, necesitas definir tu visión y comprometerte con ella. Si no lo has hecho aún, asegúrate de desarrollar el Capítulo 13 como una forma de prepararte para trazar una meta efectiva de 12 semanas junto con un plan sólido para alcanzarla.

Planear es benéfico

Planear te permite asignarles tiempo y recursos a tus oportunidades de más valor y esto aumenta tus posibilidades de alcanzar tus metas con éxito a la vez que te ayuda a coordinar tu equipo y crea una ventaja competitiva.

A pesar de los beneficios que ha demostrado el hecho de trabajar a partir de un plan, no todo el mundo planea. Una de las razones por las cuales esto es así es porque muchos están parcializados hacia la acción. Y aunque podría ser algo bueno, también tiende a interponerse en el camino de la ejecución efectiva. Podemos ser impacientes y ocuparnos de nuestros asuntos lo más pronto posible. Se necesita tiempo para crear un plan efectivo y hacerlo exige esfuerzo. Parece contradictorio, pero al tomar tiempo para planear, el total del tiempo y el esfuerzo necesarios para completar una tarea disminuyen significativamente.

Otra razón por la cual muchas personas no trabajan con un plan es porque creen algo así como: *"Ya sé lo que debo hacer, así que no necesito un plan para hacerlo"*. Parece razonable, pero por desgracia, casi siempre hay un vacío entre lo que sabemos hacer y lo que hacemos. Por ejemplo, muchos quieren tener mejor condición física y casi todos sabemos que es necesario seguir una dieta saludable y hacer ejercicio, pero, tristemente, la mayoría de las personas casi nunca mejora su estado físico. Por eso, el simple hecho de *saber* qué hacer no es suficiente. El mundo es ruidoso, suceden cosas inesperadas, surgen distracciones, nuestro deseo innato de comodidad nos hala y perdemos la concentración en cuanto a lo que sabemos que debemos hacer.

Así que, para aumentar tus probabilidades de éxito, una de las cosas más poderosas que puedes hacer es diseñar un plan *escrito* y trabajar a partir de él.

La planeación de 12 semanas no es solo valiosa para los negocios. Un plan bien escrito también impactará positivamente casi cualquier área de tu vida. J.K. McAndrews relata esta corta historia sobre su hijo y *El año de 12 semanas*:

> "Mi hijo Kevin está en último año de estudios en LSU y hace un par de años estaba teniendo dificultades con respecto a equilibrar su tiempo entre los estudios, su vida social y su trabajo con

el equipo de fútbol americano. Entonces, durante las vacaciones de Navidad de ese año, le enseñé los principios básicos del año de 12 semanas y desde el siguiente semestre mi hijo logró establecer metas claras que cumplió mediante estrategias y tácticas que las respaldaron. Ahora, suele enviarme un plan semanal cada domingo en la noche e incluso ha añadido su propio toque incluyendo en él una cita inspiradora que lo motive para esa semana en particular. Sus calificaciones han mejorado y, lo que es más importante aún, ha podido concentrarse más en sus metas, está más organizado y, sin lugar a duda, ha llegado a entender la expresión: *grandeza en el momento*".

Un elemento transformador

Trabajar sobre el ciclo de ejecución del año de 12 semanas genera mayor valor sobre el uso del tiempo. En 12 semanas, cada día es importante para alcanzar tus metas. El valor de cada momento es bien nítido cuando *todo* tu año tiene solo 12 semanas. Uno de los beneficios provenientes de aplicar el plan del año de 12 semanas es aprender a actuar en el momento porque es ahí donde estás trabajando en el futuro que vivirás.

Pero vivir tu vida en el momento se puede hacer de dos maneras muy diferentes: de forma reactiva o proactiva. Si eres reactivo en el momento, tus acciones no son las mejores y estás corriendo riesgos, pues los principales motores de tus acciones son disparadores, el teléfono suena, recibes una notificación de correo electrónico, aparece una nueva tarea, alguien llama a tu puerta y hasta ahí llegaste. Es difícil saber en el momento cuáles son tus actividades de mayor valor porque, por lo general, no estás eligiendo entre actividades buenas y malas, sino entre actividades de alto y bajo valor y esa clasificación no suele ser clara en el momento.

Por esa razón, la planeación de 12 semanas es de tanto beneficio. Con un plan basado en acciones, no tienes que depender de los disparadores para iniciar acciones, sino que es tu plan el que activa tus acciones. Eliges con precisión cuáles serán tus acciones de manera proactiva cuando haces tu plan al comienzo de las 12 semanas. En resumen, un plan de 12 semanas te ayuda a hacer más de las *actividades adecuadas* cada día y, por consiguiente, alcanzarás más rápido tus metas y con mayor impacto.

Otro beneficio de la planeación de 12 semanas es que adquieres una concentración consistente en las pocas acciones vitales que impulsan tus resultados. No puedes procurar alcanzar con eficacia un gran número de metas diferentes en un año de 12 semanas porque no tendrás el tiempo suficiente para lograrlas todas, así que es mejor concentrarte en la menor cantidad de acciones verdaderamente importantes para alcanzar una meta.

También te beneficias de la planeación de 12 semanas debido a que se trata de un plazo corto y esto hace que la incertidumbre se reduzca y que, en consecuencia, puedas ser más efectivo en planear el nivel de acción. Los planes anuales no suelen estar basados en acciones porque es casi imposible predecir cuáles serán necesarias más allá de cuatro o más meses. Este es uno de los grandes beneficios de la planeación para 12 semanas.

Debido a la creciente incertidumbre, muchos de los planes anuales se basan en objetivos y no se pueden ejecutar tal como se escribieron. Los planes anuales típicos te dicen *qué* debes lograr, pero no te especifican *cómo*. Y cuando el cómo no está claramente definido, pierdes tu sentido de alcance y fácilmente terminas comprometiéndote con más de lo que en realidad puedes ejecutar.

Los *cómo* diarios y semanales de un plan de 12 semanas hacen que este sea de fácil ejecución. Así, cuando llegas al nivel de acción en tu plan, estás disponiéndote para tener éxito.

Así es como nuestro amigo Patrick Morin describe su experiencia con la planeación de 12 semanas.

Mi pasión hacia planear años de 12 semanas comenzó con el reto de perder 38 libras que se negaban a desaparecer. El plazo, la estrategia y las tácticas resultaron perfectos para resolver mi persistente problema de peso y me dieron las herramientas exactas para prepararme para un triatlón. Después de alcanzar mi meta y experimentar un gran impulso con mi nueva condición física, busqué nuevas maneras de poner en práctica el año de 12 semanas.

En ese entonces, estábamos recaudando dinero para un nuevo emprendimiento en la industria de la salud. Habíamos comenzado con mucho ánimo en enero, escribiendo todos los documentos necesarios y preparando el producto. El proceso se estaba demorando más de lo anticipado y habíamos tenido que seguir financiando la compañía con recursos internos. Nuestra paciencia y recursos se estaban agotando.

Así que ese me pareció un escenario perfecto para implementar El año de 12 semanas.

Un lunes, a comienzos de julio, reuní al personal directivo para planear. El objetivo crítico era claro: para que la idea (y la compañía) sobrevivieran teníamos que terminar el Memorando de Colocación Privada y recaudar el dinero en las siguientes 12 semanas. La mejor descripción del clima económico en ese momento sería "depresivo", pues era difícil atraer inversionistas y esto exigiría un esfuerzo inmenso.

La visión de la compañía era clara, el siguiente paso consistía en diseñar un plan de 12 semanas para obtener la financiación. Debíamos olvidarnos de los seis meses previos en los que, escasamente, habíamos avanzado y concentrarnos en las siguientes 12 semanas.

Con la consigna de guerra "cada día es una semana", terminamos el Memorando de Colocación Privada en la primera semana. Luego, lo enviamos para revisión a nuestro equipo legal y una semana después tuvimos luz verde. Ahí fue cuando la verdadera energía entró en operación.

Al contactar a una red de cientos de personas que todos conocíamos personalmente, encontramos una masa crítica de personas listas a participar y cerramos la primera ronda el 10 de octubre.

La energía que este esfuerzo generó entre todos nosotros continuó durante nuestro trabajo de desarrollo y cada uno de los proyectos creó su propio año de 12 semanas. La cadencia de la compañía era notoria entre los inversionistas, los empleados y los funcionarios por igual.

Un buen plan fomenta una ejecución sólida

Imagina que vas conduciendo por el campo y estás siguiendo unas direcciones que indican giros donde no los hay, que combinan varias instrucciones en una sola y no te permiten avanzar de la mejor manera posible. Seguramente, desearías darle un buen golpe a quien te dio esas direcciones y optarías por detenerte a buscar unas mejores o te darías por vencido y volverías a casa frustrado.

Tal vez, te suene tonto, ¡pero estoy seguro de que te sorprendería la cantidad de personas que hacen planes de negocios similares a esas malas direcciones! Todo el tiempo, vemos planes que les hacen falta pasos, que agrupan complicados procesos que consumen tiempo en una sola táctica e incluyen acciones fuera de secuencia. Peor aún, en lugar de especificar las acciones necesarias para alcanzar la meta, muchas veces, el plan es solo una colección de ideas y pensamientos. Me gustaría conducir de Miami a Chicago usando direcciones que dijeran algo como: "Sube en tu auto y conduce en dirección a Chicago". Planes como ese son muy comunes e impiden la ejecución.

Escribir un plan efectivo de 12 semanas es clave para lograr grandes metas en tan solo 12 semanas. Sin embargo, este debe definir las acciones que necesitas implementar en cada una de ellas para alcanzar tu meta.

Capacidad a largo plazo versus resultados a corto plazo

Los planes generan capacidad para el futuro y resultados a corto plazo. Cada plan debe tener la meta de arrojar resultados en las 12 semanas en curso. Si el plan es para tu negocio, esto quiere decir que siempre deberías tener como objetivo haber alcanzado ingresos en las 12 semanas respectivas.

Algunos planes también pueden tener como objetivo crear capacidad futura. Los objetivos de capacidad incluyen metas tales como buscar educación, contratar personal, actualizar tecnología, implementar nuevos sistemas y metas similares. El esfuerzo y los recursos utilizados para crear capacidad se dan de inmediato, mientras que los beneficios se alcanzan en algún punto del futuro. Por eso, es importante incluir siempre en tu plan actividades que den los resultados necesarios a corto plazo.

Estructura efectiva del plan

La estructura del plan que escribes es importante si quieres proponerte alcanzar el éxito. Un buen plan comienza con una buena meta. Si tu meta no es específica o medible, el plan que escribas también será vago. Cuanto más específicas y medibles sean tus metas, más fácil será escribir un plan sólido de 12 semanas. Muchos esfuerzos de 12 semanas están integrados por dos o tres metas. Por ejemplo, puedes tener la meta de perder 10 libras en 12 semanas y agregar otra meta que consista en generar $105.000 dólares en nuevos negocios. Cada una de estas metas se convierte en un objetivo de planeación para el cual debes escribir tácticas. Las tácticas para la meta de perder peso son acciones específicas que tendrás que ejecutar para alcanzar el peso que deseas. Si estás trabajando en perder peso, tus tácticas pueden incluir *limitar el consumo de calorías a 1.000 por día y hacer 20 minutos de cardio tres veces por semana*. Ten presente que estas tácticas comienzan con un verbo y son frases completas. La forma como escribes tus metas y tácticas es importante. Tu meta de ingresos de $105.000 dólares tendrá un conjunto diferente de tácticas.

Hay cinco criterios que te ayudarán a diseñar mejores planes de 12 semanas cuando estás escribiendo metas y tácticas:

Criterio #1: Haz que sean específicas y medibles

Asegúrate de cuantificar y calificar cómo consideras que has tenido éxito en cada meta y/o táctica. ¿Cuántas llamadas harás? ¿Cuántas libras vas a perder? ¿Cuánta distancia vas a correr? ¿Cuántos ingresos vas a obtener? ¡Cuanto más específico seas, mejor!

Criterio #2. Exprésalas en términos positivos

Concéntrate en lo que quieres que suceda y enfócate en que sea positivo. Por ejemplo, en lugar de concentrarte en una tasa de error del 2%, enfócate en una tasa de precisión del 98%.

Criterio #3. Asegúrate de que sean realistas

Si puedes alcanzar la meta sin hacer nada diferente, entonces es probable que necesites estirarte más. Si es imposible, entonces redúcela un poco. Si nunca en la vida has pedido un referido de negocios, una táctica como "pedir referidos en cada interacción con clientes" sería un objetivo muy distante. Una más realista vendría siendo: "Pedir un referido en, por lo menos, una reunión por semana".

Criterio #4. Asigna una rendición de cuentas

Esto aplica a personas que están haciendo sus ejecuciones como parte de un equipo (si estás solo, la rendición de cuentas es toda tuya). ¡La rendición de cuentas individual para cada meta y táctica resulta ser crítica!

El desafío de todos es el desafío de nadie.

Criterio #5. Ten un plazo

Nada te motiva más que una fecha límite para comenzar a hacer las cosas. Asegúrate de incluir una fecha en la que la meta sea alcanzable o en que la táctica sea ejecutable.

Además de los criterios anteriores, cada táctica debería comenzar con un verbo, ser una frase completa y proponer una meta ejecutable como está escrita en la semana asignada. La figura 14.1 ilustra la muestra de un plan de 12 semanas.

Meta de 12 semanas
Cerrar negocios nuevos por $ 105.000 dólares
Perder 10 libras
Mejorar mi relación con Carol

Meta. Cerrar negocios nuevos por $ 105.000 dólares	
Tácticas	Plazo
Identificar oportunidades con los mejores perfiles (mínimo de $10.000) que puedan cerrar tratos en las siguientes 12 semanas.	Semana 1
Llamar al menos a 5 clientes potenciales por semana para programar un mínimo de 3 reuniones semanales.	Cada semana
Realizar al menos 2 citas iniciales por semana.	Cada semana
Crear una carpeta por cada oportunidad con los siguientes pasos para cada una.	Cada semana
Hacer seguimiento a clientes potenciales cada semana para cerrar tratos.	Cada semana
Crear una gráfica de seguimiento de ventas para mi pared y actualizarla cada semana.	Cada semana
Revisar los resultados semanalmente y determinar si es necesario hacerle cambios al plan.	Cada semana

Meta. Perder 10 libras	
Tácticas	Plazo
Limitar la ingesta de calorías a 1.200 o menos al día.	Semana 1
Hacer 20 minutos de cardio mínimo tres veces por semana.	Cada semana
Tomar 6 vasos de agua al día o más.	Cada semana
Entrenar con pesas tres veces por semana.	Cada semana
Unirme a un club de salud.	Cada semana

Meta. Mejorar mi relación con Carol	
Tácticas	Plazo
Tener una noche de cita sin los niños una vez por semana.	Semana 1

Figura 14.1 Ejemplo de un plan de 12 semanas.

Establece tus metas de 12 semanas

El primer paso para llegar es decidir hacia dónde vas. La planeación efectiva comienza con una meta de 12 semanas bien escrita, específica y medible; una meta de la que te apropies, que, si la alcanzas, te reportará beneficios significativos y marcará la diferencia.

La meta de 12 semanas es el puente entre tu visión y tu plan de 12 semanas. Debe significar un esfuerzo realista de tu parte. Si no es así, te desanimarás, pues eso significa que no necesitas el año de 12 semanas porque tu manera actual de operar te permitirá alcanzarla de todas maneras.

Es hora de establecer tu meta de 12 semanas de tal manera que esté alineada con tu visión a largo plazo y que en *sí misma* también represente grandeza para ti durante esas semanas. Comienza volviendo al Capítulo 13 para repasar tu visión a largo plazo y de tres años. Decide cuál es el progreso con el que estás dispuesto a comprometerte a alcanzar en las siguientes 12 semanas. Cuando lo hayas decidido, regístralo a continuación.

Meta(s) de 12 semanas

_____
_____
_____
_____
_____

Las mejores metas de 12 semanas son realistas, pero suficientes como para esforzarte de tal modo que te lleven a dar lo mejor de ti.

¿Por qué esa meta de 12 semanas es importante para ti? Si la alcanzas, ¿qué será diferente?

_____
_____
_____
_____
_____

Cómo escribir tu plan de 12 semanas

Es hora de escribir tu primer plan de 12 semanas. El plan es el mapa de ruta necesario para alcanzar tus metas durante ese tiempo específico. Los mejores planes se centran en uno o dos aspectos en los que desees progresar. Cuantas menos sean las metas y las acciones semanales, más fácil será ejecutar el plan.

En una ocasión, George Patton afirmó: *"Un buen plan hoy es mejor que un plan perfecto mañana"*. No analices demasiado el contenido de tu plan. No te preocupes si no es perfecto pues no existen los planes perfectos. Cuando tengas un buen plan, la ejecución que hagas de las tácticas te ayudará a aprender qué funciona mejor y así podrás refinarlo a partir de esos resultados.

Ten presente que, en su nivel más básico, la planeación consiste en resolver problemas. Tu plan resuelve el problema de cómo cerrar la brecha entre los resultados hoy y tu meta de 12 semanas.

Para comenzar, escribe tu primera meta como la Meta #1. Escribe por separado cada meta adicional. Quizá, te parezca que solo tienes una meta y eso está bien. Luego, para cada una de tus metas, define las acciones diarias y semanales que sean de la más alta prioridad y que debas realizar para alcanzarla. Para esto, suele ser útil proponer ideas en una hoja separada sugiriendo todas las cosas que puedes hacer y luego seleccionar las que te parezcan de mayor impacto. Algunas acciones serán repetitivas (por ejemplo, "ejercitarme todos los días"), mientras que otras sucederán solo una vez durante las 12 semanas (por ejemplo, "unirme a un club de salud"). Escribe las acciones que decidas implementar en frases completas que comiencen con un verbo y describe la acción que pretendes realizar. Por último, en la columna de "Semana de plazo" (1 a 12) especifica la semana en la que planeas ejecutar cada acción.

Meta 1: _____

Tácticas	Semana de plazo

Meta 2: _____

Tácticas	Semana de plazo

Meta 3: _____

Tácticas	Semana de plazo

Antes de dar por terminado tu plan, hazte estas preguntas:

¿Con qué acciones voy a tener dificultades?

_____
_____
_____
_____
_____

¿Qué haré para superarlas?

_____
_____
_____
_____
_____

Cambio de mentalidad

Sin un plan bien escrito, estás disponiéndote a realizar una ejecución pobre. Tu manera de pensar respecto a la planeación en sí misma afectará la calidad de tu plan y el éxito que obtengas durante el año de 12 semanas en sí. Démosle una mirada a algunas fallas mentales que son muy comunes y podrían interponerse en tu camino.

La mayoría de la gente sabe que debe trabajar a partir de un plan, pero si en su experiencia rara vez lo ejecutan, no se toman el tiempo para planearlo por escrito. Si esa ha sido tu experiencia con la planeación, recuerda que un plan de 12 semanas es muy diferente, pues se ocupa de las acciones de suma importancia que debes realizar cada semana para alcanzar tu meta. Las acciones hacen toda la diferencia en un plan. No puedes emprender acciones sobre los objetivos o metas que integran un plan típico de 12 meses, pero sí puedes ejecutar las acciones que integran un plan de 12 semanas.

Otra barrera de pensamiento para la planeación efectiva es que no tienes suficiente tiempo para planear. Esta mentalidad es común, pero tiene fallas. Hace años, participé en un estudio informal que mostraba los beneficios en cuanto a ahorro de tiempo que tiene la planeación. Si te tomas tiempo para planear antes de iniciar una tarea compleja, estás reduciendo hasta en un 20% el tiempo total necesario para ejecutarlo.

Aplicación de equipo

Como líder de equipo, hacer que los miembros que lo conforman se comprometan con *El año de 12 semanas* suele ser una experiencia transformadora. Imagina que todos ellos se apropian de sus aspiraciones y de sus metas de 12 semanas. ¿Qué sería diferente para ti si tu equipo trabajara de manera consistente, realizando sus actividades de más alto valor semana tras semana?

Como líder, hay algunas cosas que puedes hacer para ayudarle a tu equipo a involucrarse rápido en *El año de 12 semanas* y lograr gran impacto. El primer paso es pedirles que lean *El año de 12 semanas* y que desarrollen sus plantillas de visión y planeación. Después que hayan creado su visión y su plan, programa una reunión individual con cada integrante del equipo para revisar sus metas y planes a 12 semanas. El objetivo es refinar sus planes y establecer tu papel para ayudarles a alcanzar su meta de 12 semanas.

Comienza la conversación en esas reuniones enfocándote en sus metas de 12 semanas. ¿Están decididos a alcanzar esa meta o solo están interesados? ¿La meta es realista y al mismo tiempo hace que ellos se esfuercen? ¿Creen ellos que podrán alcanzarla? Si es necesario, haz las *sugerencias* apropiadas para que ellos cambien su meta, pero asegúrate de que la meta siga siendo de ellos, no tuya, si es que deseas que se apropien de ella.

Cuando hayas terminado con la meta de 12 semanas, pasa al plan táctico. Al proveer consejo de entrenamiento, procura mantener sus planes enfocados en la menor cantidad de metas y de tácticas necesarias para alcanzar cada meta. Para tener ideas de cómo ayudarles a mejorar sus planes, consulta los criterios para metas y tácticas bien escritas ya mencionados en este capítulo.

Planeación de equipo

Como líder, o como miembro de un equipo, a veces es necesario crear metas y planes conjuntos. A menudo, la planeación efectiva en equipo puede aprovechar mejor el talento y los recursos que los planes individuales.

El proceso de planeación de equipo es similar al proceso individual, salvo que el equipo establece una meta y crea un plan en conjunto. Pídeles aportes a los participantes para alcanzar la meta global para las 12 semanas. Termina la meta con el equipo y asegúrate de que se apropien de ella tanto en conjunto como individualmente.

Luego, sugiere una lluvia de ideas sobre las tácticas necesarias para alcanzar cada meta y seleccionen la menor cantidad posible de las tácticas sugeridas, las cuales, al ser ejecutadas, el equipo alcance la meta.

Es importante que cada táctica sea asignada a una persona, así sean varios los que trabajen en ella. La responsabilidad individual sobre las tácticas es crucial para impulsar el proceso de ejecución del equipo. Sin embargo, si una de las tácticas de tu equipo la deben completar individualmente múltiples miembros, será mejor asignar un subconjunto de la meta del equipo a cada miembro. Por ejemplo, si las tácticas del equipo incluyen realizar 20 reuniones con clientes por semana, y el equipo consta de cuatro miembros, sería conveniente asignarle a cada uno cinco reuniones como su táctica personal.

Te daré dos consejos adicionales cuando se trate de hacer planeación para equipos: primero, no sobrestimes la capacidad de tu equipo. Los mejores planes de equipo son sucintos y contienen la menor cantidad de actividades para alcanzar la meta del equipo, nada más. Segundo, no sobrecargues el plan al comienzo; en lugar de ello, si es posible, equilibra las acciones a lo largo de todas las 12 semanas.

Trampas comunes y consejos de éxito

No dejes que estas cinco trampas comunes te desvíen de alcanzar tus logros:

Trampa #1. Tu plan de 12 semanas no está alineado con tu visión a largo plazo

Es importante que tus metas de 12 semanas y tu plan estén en línea con tu visión a largo plazo y sean una extensión de ella. Cuando establezcas tus metas, asegúrate de que estén conectadas con tu visión y determina dónde debes estar al finalizar las 12 semanas para que concuerden con tus metas a largo plazo.

Trampa #2. No estás manteniendo el enfoque

El enfoque es crucial. Si defines demasiadas metas, terminas con demasiadas prioridades y muchas tácticas para lograr una ejecución efectiva. No todo puede ser prioritario. Vas a tener que decirles no a algunas cosas para alcanzar buenos resultados en las que sean más importantes. Se requiere de valor para limitar tu enfoque en unas pocas áreas. Recuerda, cada 12 semanas es un nuevo año. Imagina lo que lograrías si cada 12 semanas identificaras una o dos áreas clave y procuraras trabajar en ellas con pasión y enfoque. Y luego, que al final de ese tiempo tuvieras una o dos áreas nuevas en las qué concentrarte.

El año de 12 semanas está diseñado para ayudarte a concentrar en unas pocas áreas clave y hacer progresos importantes en corto tiempo.

Trampa #3. No tomas las decisiones difíciles

Con cada meta es muy común identificar 8, 10 o más tácticas (acciones) que podrías usar para mover la pelota por el campo. En la mayoría de los casos, no es necesario implementar cada táctica que venga a tu mente; de hecho, hacerlo así sería un obstáculo.

Aunque es útil proponer ideas de todas las tácticas que vengan a tu mente, eso no quiere decir que debas implementarlas todas. Tratar de ejecutar demasiadas tácticas es extenderte demasiado y terminar sintiéndote abrumado. A pesar de esto, es importante recordar que no hay un número correcto de tácticas. Como con tus metas, la norma general es que menos es más. Si puedes alcanzar la meta con cuatro tácticas, entonces no necesitas cinco. Propón todas las tácticas que puedas y luego selecciona las más funcionales.

Trampa #4. No haces que planear sea simple

La tarea de planear puede volverse muy compleja. En algunas empresas existen departamentos completos con el único fin de establecer planes estratégicos. Enfócate en que elaborar tu plan de 12 semanas sea un proceso simple. Si sientes que te estás complicando demasiado, quizás así sea. Concéntrate en unas pocas áreas claves y en las acciones que implementarás para alcanzar tus metas.

Trampa #5. No haces que sea significativo

Debes construir tu plan en torno a los elementos más importantes o habrá muy poca tracción para ti en la fase de implementación. Muy a menudo, las personas planean en torno a las metas que son importantes para otros. Aunque ejecutar tu plan no es complejo, tampoco quiere decir que sea fácil. Si tu plan no es significativo para ti, entonces lucharás con ejecutarlo. Cerciórate de tener el enfoque en las áreas de mayor importancia.

Capítulo 15

Implementación del control del proceso

El plan para tu año de 12 semanas comienza con una visión y a partir de ella creas un conjunto de metas de 12 semanas. Basándote en esas metas, desarrollas tu plan. Luego, viene el control del proceso.

Mike Tyson dijo que todos tienen un plan hasta que reciben un golpe en la boca. El control del proceso es un conjunto de herramientas y eventos que te ayudan a desarrollar tu plan incluso cuando recibas un golpe en la boca.

Cómo asegurarte de hacer las cosas

No es suficiente con tener una visión y un plan. Si tus metas y planes están diseñados para ayudarte a alcanzar un mayor nivel de desempeño, entonces es muy probable que tengas tácticas específicas que signifiquen acciones nuevas para ti. Casi siempre, estas nuevas acciones son incómodas y esa es una de las razones por las cuales el cambio es tan difícil, pues una cosa es identificar las acciones necesarias para crear un mejor resultado, pero otra muy diferente es practicarlas consistentemente. Sin apoyo estructural y ambiental, la meta de completar un plan se convierte en un constante ejercicio de fuerza de voluntad. Sin embargo, depender de la fuerza de voluntad funciona en ocasiones, pero los estudios han demostrado que esta también tiene un factor de fatiga y, como todos lo hemos experimentado, hay ocasiones en que sí la tenemos, pero en otros momentos no.

En otras palabras, si has de alcanzar aquello que puedes hacer, no puedes depender solo de fuerza de voluntad. El control del proceso usa herramientas y eventos para crear estructuras de apoyo que pueden aumentarla, y en algunos grados, remplazarla. Te aseguro que Michael Phelps, quien ha ganado más medallas de oro que cualquier otro deportista olímpico, tuvo días en los que no deseaba entrar a la piscina, ni ir al gimnasio, pero lo hizo. Y lo hizo porque contaba con estructuras que le facilitaban entrar a la piscina en lugar de no hacerlo. Si vas a ser grande, necesitas contar con estructuras de apoyo como las que él tiene, así no importará si un día en particular tienes exceso de disciplina o si no tienes deseos de nada, de todas formas llevarás a cabo tu plan.

Hay dos elementos que quiero compartir contigo y que formarán el cimiento de tu estructura de apoyo. El primero es el plan semanal.

El plan semanal

El plan semanal es una herramienta poderosa que convierte tu plan de 12 semanas en acciones diarias y semanales. Es el instrumento que organiza y le da enfoque a tu semana. Pasa a ser tu plan de juego semanal. Este plan no es una lista de pendientes glorificada, sino que refleja las actividades estratégicas cruciales que debes realizar esa semana para alcanzar tus metas.

Ten presente que el plan semanal es una derivación de tu plan de 12 semanas. Es decir, no es un conjunto de actividades que planeas cada semana según lo que resulte urgente en ese momento. Contrario a eso, el plan semanal contiene tácticas que están programadas para esa semana en particular. Este proceso te asegura que el plan semanal contenga solo esas acciones estratégicas y esenciales que necesitas implementar. Como el plan semanal es impulsado por tu plan de 12 semanas, que a su vez está conectado con tu visión a largo plazo, asegúrate de que las acciones que contenga sean, por defecto, las más importantes de la semana. Si las desarrollas, habrás tenido una gran semana; si no es así, entonces habrás perdido una semana. Verás que tener este nivel de claridad semana a semana no solo es poderoso, sino transformador.

La Figura 15 es un ejemplo mediante el cual puedes verificar que tus metas están bien especificadas y que tienes las respectivas tácticas programadas para la semana. Te recomendamos imprimir una copia e introducir en un calendario estas actividades cruciales. De esa manera, pasaría a ser el documento que usarías para administrar cada día y así asegurarte de completar todas y cada una de estas actividades a lo largo de la semana.

Plan para la semana 6 - Puntaje 0
Cerrar negocios nuevos por $105.000 dólares
Llamar al menos 5 clientes potenciales por semana para programar reuniones y hacer un mínimo de 3 por semana.
Realizar al menos 2 citas iniciales por semana.
Hacer seguimiento a clientes potenciales cada semana para cerrar tratos.
Crear un gráfico de seguimiento de ventas para mi pared y actualizarlo cada semana.

Perder 10 libras
Limitar el consumo de calorías a 1.200 o menos al día.
Hacer 20 minutos de cardio al menos tres veces por semana.
Tomar al menos 6 vasos de agua al día.
Entrenar con pesas tres veces por semana.
Mejorar mi relación con Carol
Tener una noche de cita sin los niños una vez por semana.

Figura 15.1 Tu plan semanal es la piedra angular de la ejecución efectiva. Condensa las acciones para cada semana que sean necesarias para alcanzar tu meta de 12 semanas.

No lo hagas solo

El segundo elemento del control de proceso es el apoyo de pares. Un fascinante artículo de *Fast Company* publicado en mayo de 2005, titulado "Cambia o muere", presentó estudios que se realizaron con pacientes que tenían severas condiciones médicas que exigían cambios de estilo de vida para poder vivir. La triste realidad es que, después de solo 12 meses, el 90% de los pacientes había vuelto a su antiguo estilo de vida, prácticamente garantizando una muerte inminente. Ante la alta amenaza de muerte, una abrumadora mayoría de personas seguía fallando de manera consistente en tomar decisiones más convenientes.

Hubo un grupo con una tasa de éxito mucho más elevada, casi siete veces mayor. Estos pacientes participaban en sesiones de apoyo con pares y tenían una tasa de éxito de casi el 80%. Los grupos que no contaban con apoyo de pares tenían una tasa de éxito del 10%. Estas estadísticas me hacen recordar lo que George Shinn, el propietario del equipo de baloncesto Charlotte Hornets, dijo en una ocasión: "Nadie se hace a sí mismo. Alcanzarás tus metas solo con la ayuda de otros". Los grupos involucrados en apoyo de pares se reunían con frecuencia y conversaban sobre sus avances, luchas y desafíos. Por lo general, al animarse unos a otros mantenían el rumbo. La lección es que, si estás implementando cambios, no lo hagas solo. Tus posibilidades de éxito son siete veces mayores si cuentas con el apoyo de otros.

Al trabajar con miles de clientes durante la última década, hemos experimentado la misma dinámica. Cuando los clientes suelen reunirse con un grupo de pares, tienen un mejor desempeño, cuando no es así, su desempeño sufre. Recomendamos crear un grupo de dos a cuatro personas comprometidas a reunirse cada semana. Estas reuniones las hemos llamado RSR, que es la sigla de Reunión Semanal de Responsabilidad. Asumiendo que leíste el capítulo sobre rendición de cuentas, entonces sabrás que esta reunión no consiste en tratar de *llamarse a cuentas* unos a otros, sino en fomentar la responsabilidad individual para ejecutar sus planes de manera consistente.

La RSR es un aspecto crítico en el control del proceso. Es una reunión corta que suele hacerse el lunes en la mañana después que cada uno ha tenido la oportunidad de planear su semana; dura de 15 a 30 minutos. Esta no es una sesión de castigo en la que tratamos de *llamar a cuentas* a los demás y hablamos de consecuencias negativas o de criticar a quienes se sientan vacilantes. Más bien, la RSR se usa para confrontar las fallas, reconocer el avance, crear enfoque y fomentar la acción.

La mayoría de las RSR sigue una agenda similar a la siguiente. Ten libertad de adaptarla en lo que consideres conveniente, mientras mantengas el enfoque en la ejecución.

Agenda de una reunión semanal de responsabilidad

I. Informe individual: cada miembro expresa cómo está haciéndoles seguimiento a sus metas y la calidad de su desempeño. Las siguientes son cuatro áreas de enfoque:

a. Tus resultados del año de 12 semanas a la fecha.

b. Tu puntaje de ejecución semanal.

c. Las intenciones para la siguiente semana.

d. Opiniones y sugerencias del grupo.

II. Técnicas de éxito: como grupo, hablen de lo que ha estado funcionando bien y cómo incorporar esas técnicas al plan de otra persona.

III. Ánimo.

El formato es muy directo. Cada persona tiene unos minutos para presentarle un informe al grupo. Procura comentar tus resultados a la fecha. ¿Estás dentro del plazo, estás más avanzado que donde deberías ir en este punto o te encuentras atrasado? Luego, le dices al grupo tu puntaje de ejecución semanal. (Aprenderás a calcularlo en el Capítulo 16). También mencionas tus intenciones para esta semana en lo que respecta a tu ejecución. Por último, el grupo te desafiará, te felicitará y te dará sus opiniones y sugerencias. Después que cada miembro haya presentado su informe, pueden tener una breve conversación sobre lo que algunos miembros están haciendo y qué de lo que está funcionando puede ser transferible a los planes y metas de otros. La RSR termina con ánimo para que el grupo tenga una semana productiva.

Lezlee Liljenberg aprovechó las RSR de su equipo como punto de partida para rediseñar la manera en que todos hacían uso de sus días. Así es como lo describe:

¡En general, ejecutar nuestros planes de 12 semanas nos hizo más conscientes de que cada día cuenta! Al comenzar, le asignamos a cada miembro del equipo un área de interés para que creara un plan de acción para el crecimiento de esa área. Cada año de 12 semanas evaluábamos esas asignaciones y realineábamos lo que debía suceder en consecuencia.

Las reuniones semanales de responsabilidad probablemente fueron el mayor éxito de todas las áreas para nosotros. Cuando comenzamos a evaluar semanalmente lo que habíamos logrado, fuimos más conscientes del uso que le dábamos a nuestro tiempo.

Decidimos pasar un día con cada miembro del personal, con el único propósito de ver cómo pasaban su día. Esto nos permitió determinar dónde y cómo desperdiciaban tiempo. También nos ayudó a tomar decisiones difíciles para enfrentar algunas tareas que consumían más tiempo de lo que en realidad producían. El retorno sobre la inversión en algunas tareas demostró que no valía la pena hacerlas y era mejor eliminarlas. Si no le hubiésemos presentado reportes al equipo cada semana para revisar nuestro progreso, quizá nunca habríamos logrado algo así.

Haber desechado la mentalidad anualizada nos ayudó a saber que habíamos alcanzado las cifras más rápido y las RSR nos ayudaron a hacerlo. El líder es responsable de asegurarse de que el año de 12 semanas esté en curso y que el grupo no se desvíe de la visión y del plan de 12 semanas. Mi consejo es: ve a una RSR y apégate a tu plan, ¡y tu año de 12 semanas te funcionará!

La rutina semanal

La única manera de alcanzar tu meta de 12 semanas es tomando acciones diarias sobre tu plan. El plan semanal y las RSR son dos pasos en un proceso de tres llamado la rutina semanal. Tres pasos fáciles de seguir asegurarán tu ejecución semanal y el logro de tus metas.

La rutina semanal consiste en tres pasos sencillos pero poderosos:

1. Califica tu semana
2. Planea tu semana
3. Participa en una RSR

Paso #1. Califica tu semana

En el Capítulo 16 veremos cómo el año de 12 semanas te permite medir con eficacia tu ejecución mediante una tarjeta de puntaje semanal. Esta medida, más que ninguna otra, es el indicador de éxito más poderoso que puedas tener. Como parte de tu rutina semanal es bueno que tomes unos minutos cada semana y que califiques tu ejecución. En el Capítulo 16 aprenderás más detalles sobre cómo calcular estos números, pero, por ahora, solo ten presente que es parte esencial de tu rutina semanal.

Paso #2. Planea tu semana

Hasta ahora, hemos hablado en detalle sobre la importancia de tener un plan semanal y trabajar a partir de él. Si estás usando un sistema de papel como *Freehand*, entonces debes consultar tu plan de 12 semanas, tomar las tácticas para esta semana y transferirlas a tu plan semanal. Lo importante es que, de una forma u otra, no comiences una semana sin un plan.

Cada semana necesitarás dedicar unos 15 minutos para calificar y planear tu siguiente semana. Cerca del 70% de nuestros clientes realiza esta tarea a primera hora el lunes en la mañana. El otro 30% lo hace en algún momento entre la tarde del viernes y la mañana del lunes. No importa cuándo lo hagas, siempre y cuando separes un tiempo en el que puedas ser consistente cada semana.

Paso #3. Participa en una RSR

Como lo mencioné antes, tus probabilidades de éxito aumentan mucho cuando te reúnes frecuentemente con un pequeño grupo de pares. Haz una corta lista de las personas con quienes quisieras tener una RSR cada semana, luego contáctalas y determina un día de reunión regular y la hora para reunirse. También decidan si se reunirán personalmente o por teléfono. Procuren que cada miembro separe la RSR en su calendario como un evento recurrente.

Estos tres pasos sencillos crean la base de tu sistema de alto desempeño. Los pasos son fáciles de seguir e incluso más fáciles que no hacerlos. Si en realidad eres serio en cuanto a tus metas, entonces comprométete con esta rutina semanal.

Cambio de mentalidad

Las personas suelen asumir que, debido a que conocen lo que deben hacer, entonces no se beneficiarán de un plan semanal. Según numerosos estudios, y de acuerdo con nuestra propia experiencia con miles de clientes, ese no es el caso. Un plan en tu mente no es tan efectivo como un plan puesto en una hoja de papel. En nuestra experiencia, tienes entre el 60% y el 80% de más probabilidades de ejecutar un plan escrito que un plan que mantengas en tu cabeza.

Poner por escrito tu plan elimina las ambigüedades y genera transparencia. Para algunas personas, esta transparencia es demasiado incómoda, pues les significa toda clase de pensamientos improductivos que les impiden crear un plan claro y por escrito. Esta mentalidad suele expresarse así: "Sé lo que debo hacer, así que no necesito escribirlo", "Necesito más flexibilidad que eso. Escribirlo me restringe", "Estoy demasiado ocupado, no tengo tiempo para eso". Sin embargo, todas estas excusas son solo diseñadas para no tener que afrontar la responsabilidad personal.

Hay quienes tienen el mismo tipo de pensamiento limitado cuando se trata de las reuniones RSR. Dicen: "No tengo tiempo para eso", "Solo los débiles necesitan algo así". Lo cierto es que todos estos pensamientos y comentarios son cortinas de humo que revelan un temor más profundo hacia la transparencia y la responsabilidad.

No te equivoques, ¡tendrás más éxito si trabajas a partir de un plan semanal por escrito y si te reúnes con frecuencia con un grupo de pares! No te engañes, no eres diferente. Para obtener más de tu tiempo y de la vida, alinea tu mentalidad con los beneficios de los pasos de la rutina semanal.

Aplicación en equipo

El año de 12 semanas es un cambio de cultura, una nueva manera de operar. Lee Iacocca, Exdirector Ejecutivo en la industria automovilística, afirmó que la velocidad del líder es la velocidad del equipo. Como líder de tu grupo, eres tú quien le da forma a la cultura de tu organización mediante tus conversaciones, tus acciones y tu enfoque. *El año de 12 semanas* es un cambio cultural. Para que la organización tenga éxito en adoptarlo como un sistema operativo y alcanzando los resultados que deseas, tú debes ser un defensor de la causa.

Como la cultura es un reflejo del líder, más que cualquier otra cosa, tus acciones serán las que mayor impacto tendrán al determinar si tu equipo adopta y aprovecha *El año de 12 semanas*. Tu primera tarea es modelar el comportamiento que quieres ver en quienes te rodean y para lograrlo necesitas comenzar a ser tú mismo quien adopte la rutina semanal, calificando y planeando cada semana y participando en las RSR.

El siguiente paso es inspeccionar a nivel individual los hábitos de todos tus subalternos. Pregúntales: ¿tienen un plan para cada semana? ¿Están calificando cada semana? ¿Participas activamente en las RSR? En ocasiones, tu equipo tendrá sus dificultades, las que suelen presentar cuando deja de planear, calificar y no asistir a los grupos de RSR; cuando hace todo lo opuesto a lo que debería y tiende a olvidársele que es de suma importancia que mantenga su compromiso. En esos momentos, ellos necesitarán contar con tu liderazgo y ánimo para seguir en el juego. Tendrás que revisar formalmente y junto con ellos sus planes semanales y tarjetas de puntajes, por lo menos, una vez al mes en una sesión de entrenamiento personal.

En ocasiones, quizá sea bueno que participes en uno de sus grupos de RSR y les brindes algo de ánimo y capacitación. Haz que tu participación sea positiva. Reconóceles y celébrales sus primeros triunfos y mantén el enfoque en la ejecución.

Trampas comunes

No permitas que estos errores comunes te quiten el éxito.

Trampa #1. No planear cada semana

Tener un inicio de semana ágil y con impulso te ayuda a ser más productivo durante la semana entera. El lunes suele ser un día lleno de estrés y podríamos sentirnos atrasados desde el comienzo. A menudo, al comienzo de la semana entramos directo a revisar el correo electrónico, el buzón de voz y cualquier otro asunto que esté esperándonos.

Además de lanzarnos de lleno a nuestra semana, hay otras cosas que tienden a interponerse en la planeación, incluyendo una mentalidad negativa. Quizás, una de las siguientes ideas te habrá detenido:

- No tienes tiempo para eso. Crees que estás tan ocupado que lo harás después, pero ese después nunca llega.
- No lo necesitas. Tienes la idea errada de que tú eres la excepción y no necesitas un plan de juego para la semana. ¡Mira lo rápido que pasa el tiempo!
- Estás por encima de eso. Es un error pensar que un plan semanal es para principiantes y que alguien en tu posición no necesita de él.
- Ya lo sabes. Tienes la idea de que ya sabes lo que necesitas hacer, así que no le ves ningún beneficio a planear tus actividades.
- No quieres rendir cuentas. Para algunos, trabajar a partir de un plan semanal escrito les crea cierto nivel de incomodidad porque siempre les recuerda cuándo no están haciendo lo que saben que deberían estar haciendo.

Trampa #2. Incluir todas tus tareas

El plan semanal no contiene todo lo que haces en tu trabajo, solo los elementos estratégicos de tu plan de 12 semanas. Deberías tener una hoja aparte con la lista de pendientes y llamadas por hacer. No diluyas tu plan añadiendo todas las actividades de más bajo nivel que haces durante el día. Reserva el plan semanal solo para los puntos y compromisos estratégicos.

Trampa #3. Asumir que cada semana es igual

Otro error que muchos cometen es asumir que cada semana desarrollan la misma actividad, así que crean un plan semanal y luego lo copian semana tras semana. Sí, es muy posible que muchas de tus semanas se vean similares, pero es poco probable que las 12 semanas tengan exactamente las mismas actividades programadas. Incluso si eres la excepción a la estadística, el beneficio de invertir de 5 a 10 minutos para organizar tu próxima semana te rendirá grandes dividendos.

Trampa #4. Añadir tácticas cada semana

Ten presente que, en esencia, un plan semanal es un doceavo de tu plan de 12 semanas. En ocasiones, podrás añadirle una táctica a tu plan semanal, pero esto no debería pasar con frecuencia. La mayoría de las nuevas tácticas debería añadirse primero al plan de 12 semanas y luego fluir hacia el plan semanal. Esto evita que te desvíes hacia actividades urgentes que no necesariamente son estratégicas.

Trampa #5. No usar tu plan para guiar tu día

Cuando hayas creado tu plan semanal, debes usarlo a diario para mantenerte dentro del curso con respecto a las actividades más importantes que te ayudarán a alcanzar tus metas. Revisa tu plan semanal a primera hora cada mañana, una o dos veces durante el día y antes de irte a casa. Cuando aprendas a guiar tus actividades diarias según tu plan semanal, comenzarás a experimentar un verdadero desempeño de progreso.

Trampa #6. No hacer que parte de tu rutina sea el plan

Todos tenemos unas rutinas. Estas son parte importante del éxito consistente. Toma ahora mismo la decisión de implementar tu rutina semanal.

Capítulo 16

Llevando el puntaje

Las mediciones impulsan el proceso de ejecución. Hacen parte importante de tu contacto con la realidad y son verdaderamente efectivas cuando combinan los indicadores adelantados y rezagados que te dan la retroalimentación integral necesaria para tomar decisiones informadas. El ciclo de la retroalimentación es lo que te permite conocer si tus acciones son efectivas o no.

> *Adam Black habla sobre el impacto que su simple sistema de medición diaria tiene sobre sus resultados.*
>
> *A finales de 2011, un socio de negocios me sugirió* El año de 12 semanas. *Fue justo a tiempo. Después de leerlo varias veces, supe con toda certeza que este sistema se me ajusta a la perfección.*
>
> *Soy la típica persona tipo A, trabajo con intensidad y de forma agresiva, pero a veces, paso por alto los pequeños detalles. Con* El año de 12 semanas *pude disminuir la*

velocidad y proyectar de manera sistemática lo que deseaba lograr en un año de 12 semanas para alcanzar mis objetivos de más largo plazo. Aprendí que la belleza de este sistema es que es posible ajustar mis planes de 12 semanas según el movimiento de mis números.

Así las cosas, con el fin de que me ayude a mantener la concentración en mis tareas de más alto valor, ideé un sencillo calendario de 12 semanas como una ayuda visual para medir mi progreso. El calendario hace seguimiento a mis dos mediciones diarias de las actividades que llevo tanto adelantadas como rezagadas. Cada noche, cuando llego a casa, sé muy bien dónde estoy en términos de mi meta de 12 semanas.

Cuando vinculé estas mediciones diarias, cuyo enfoque es alcanzar mi meta de 12 semanas, con volumen en dólares y unidades, noté un aumento del 65% en volumen por unidad y en dólares en el año 2012. Como resultado de poner en práctica El año de 12 semanas, también he alcanzado el estándar de mi compañía como uno de los más productivos y en el año 2013 me darán un viaje como premio.

Decir que El año de 12 semanas *ha revolucionado mis negocios no alcanza a expresar lo que esta lectura ha hecho por mí. Con* El año de 12 semanas *me fue más fácil alcanzar mis metas. Ya no estoy corriendo al final del año para alcanzar una cifra de cierre.*

De hecho, ha enriquecido tanto mi vida, que ahora alcanzo todas mis metas, proveo para mi familia y paso más tiempo haciendo las cosas que me gusta hacer fuera del trabajo.

Tal como Adam lo descubrió, la medición no tiene que ser complicada para que sea efectiva, pero sí tiene que ser oportuna.

Como lo discutimos en el Capítulo 16, en los mejores sistemas de medición hay indicadores adelantados y rezagados. Los indicadores rezagados son los resultados finales y tus metas de 12 semanas son los principales indicadores rezagados. Si estás haciendo seguimiento del progreso hacia tu meta, entonces estás haciéndoles seguimiento a los indicadores rezagados.

Los indicadores adelantados son todo aquello que sucede temprano en el proceso de ejecución. Es lo que impulsa los rezagos. La mayoría de la gente es muy buena haciéndoles seguimiento a los indicadores rezagados, pero la oportunidad de crecimiento suele ser mayor con los indicadores adelantados.

¿Cuáles son los indicadores adelantados para tus metas? Digamos que quieres perder 10 libras. La meta total de peso de 10 libras es un indicador rezagado porque se da y lo puedes ver al final de las 12 semanas. Un buen indicador adelantado puede ser la cantidad de calorías que consumes a diario o semanalmente. Otro puede ser la cantidad de ejercicio que hagas cada semana, como las millas que corras, los lapsos nadados, los minutos en la elíptica. ¿Vas captando la idea? Cualquiera que sea el indicador que decidas medir, asegúrate de supervisar y registrar tu progreso durante cada una de las semanas de tu año de 12 semanas.

En general, cuanto más frecuente sea una medida, más útil será. Por ejemplo, las mediciones trimestrales suelen ser mejores que las anuales. Las mediciones anuales dan retroalimentación solo una vez durante un lapso de 12 meses, pero si estás tratando de mejorar un resultado y solo lo mides una vez por año, no tienes retroalimentación a lo largo del año que pueda ayudarte a determinar si tus acciones son productivas o no. Así mismo, las medidas mensuales son mejores que las trimestrales. Dan retroalimentación más frecuente. Sin embargo, semanalmente es mejor que cada mes y a diario es mejor que cada semana.

Con la planeación del año de 12 semanas logramos que establezcas metas de 12 semanas para que al menos tengas una medida de éxito que ya no sea superior a este tiempo. Aun así, te servirá muy bien identificar un conjunto de indicadores adelantados que puedas rastrear mensual, semanal o diariamente.

En este punto, es muy probable que ya hayas establecido tus metas de 12 semanas y hayas diseñado tu plan respectivo, así que es hora de establecer un conjunto de indicadores adelantados y rezagados para cada una de tus metas. Si no las has definido, ni escrito un plan, vuelve a este ejercicio después que hayas completado esos pasos.

Meta #1 de 12 semanas

Indicadores adelantados y rezagados

- _____
- _____
- _____
- _____

Meta #2 de 12 semanas

Indicadores adelantados y rezagados

- _____
- _____
- _____
- _____

Meta #3 de 12 semanas

Indicadores adelantados y rezagados

- _____
- _____
- _____
- _____

Asegúrate de hacerles seguimiento a estas medidas cada semana. Usa una hoja de cálculo, una tabla en Word o el sistema que más te funcione para registrar y supervisar tu progreso.

Como lo hablamos en la primera sección del libro, el indicador adelantado más efectivo que puedes tener es una medida de tu ejecución semanal. Es de gran importancia que midas la ejecución. Hemos aprendido que, si tu nivel de ejecución es de, como mínimo, el 85% de las acciones programadas en tu plan de acción semanal, es muy probable que alcances tus metas al final de las 12 semanas.

Ya sea que uses un sistema en papel, un bloc de notas o tu computador, es esencial que saques un tiempo semanal para medir tu ejecución. La Figura 16.1 es una muestra de una tarjeta de puntaje semanal que podrías usar, pero también puedes crear una usando tu propio sistema.

El hecho es que, en cualquier caso, observarás que lo que mides cada semana es la ejecución de las tácticas que planeaste, no los resultados. Solo marcas o cuentas esas tácticas que completaste la semana pasada, sin importar los resultados obtenidos.

Miremos de nuevo mi ejemplo de condición física. Mi meta es perder 10 libras durante las próximas 12 semanas. Mi plan incluye tácticas como las siguientes

- Hacer 20 minutos de cardio al menos cinco veces por semana.
- Entrenar con pesas tres veces por semana.
- Tomar al menos seis vasos de agua cada día.
- Limitar la ingesta de calorías a 1.200 por día.

Marca tus logros en la semana 5
Cerrar negocios nuevos por $ 105.000 dólares
☐ ~~Llamar al menos 5 clientes potenciales por semana para programar reuniones y programar un mínimo de 3 por semana.~~
☐ ~~Realizar al menos 2 citas iniciales por semana.~~
☐ ~~Hacer seguimiento a clientes potenciales cada semana para cerrar tratos.~~
☐ ~~Crear un gráfico de seguimiento de ventas para mi pared y actualizarlo cada semana.~~

Perder 10 libras
☐ ~~Limitar el consumo de calorías a 1.200 o menos al día.~~
☐ ~~Hacer 20 minutos de cardio al menos tres veces por semana.~~
☐ ~~Tomar al menos 6 vasos de agua al día.~~
☐ ~~Entrenar con pesas tres veces por semana.~~
Mejorar mi relación con Carol
☐ ~~Tener una noche de cita sin los niños una vez por semana.~~

Figura 16.1 Tu tarjeta de puntaje semanal muestra el porcentaje de las tácticas que completaste la semana anterior. Obtén un puntaje del 85% o superior e irás por buen camino para alcanzar tus metas de 12 semanas.

Como parte de mi sistema de medición, voy a pesarme cada semana y registrar mi peso, pero mi peso es un indicador rezagado, así que también calificaré mi ejecución. En este caso, para calificarla, identificaría la cantidad de tácticas que completé como un porcentaje del número posible. Entonces, si completo tres de cuatro, mi puntaje semanal de ejecución sería del 75%.

La medida de resultados y la de ejecución son independientes. En mi ejemplo, puedo haber perdido dos libras esta semana, pero seguir teniendo solo el 75% de puntaje. Como los resultados son rezagados, quiero prestarles más atención a ambas mediciones, y aunque perdí dos libras, no tuve una buena semana desde el punto de vista de ejecución. Lo que eso me indica es que, si no tengo una mejor ejecución la próxima semana, me estancaré en el proceso de perder peso.

Cambio de mentalidad

Este es un gran cambio en la manera de pensar de muchos. El cambio de mentalidad tiene dos caras. La primera, es el cambio para adoptar la medición y no dejar de hacerlo, como suele ser el caso. Sí, la medición es fría y nada agradable, incluso tiende a ser cruda. Resta el esfuerzo y no tiene en cuenta las interrupciones o distracciones, ni cualquier otra excusa que presentes. Pero al final, las medidas son útiles y necesarias. Sin medición, no hay manera de que sepas con exactitud si estás avanzando o no. Tampoco hay manera de saber qué ajustes productivos hacer. Sin mediciones es casi imposible alcanzar tus metas.

El segundo cambio de mentalidad consiste en concentrarte más en las acciones que en los resultados. Recuerda que tienes más control sobre tus acciones que sobre tus resultados, pues estos son impulsados por las acciones. El plan semanal y la tarjeta de puntaje semanal se enfocan en tus acciones. La tarjeta de puntaje mide si hiciste lo que dijiste que era lo más importante para alcanzar tus metas. Como resultado, tu tarjeta de puntaje semanal es el predictor más acertado de tu futuro. Si fielmente completas las acciones críticas cada día y cada semana, los resultados llegarán. En otras palabras, el proceso no consiste tanto en el resultado final, sino más en las acciones diarias. Por tal razón, la tarjeta de puntaje solo mide tu ejecución y no tus resultados.

Aplicación de equipo

Como líder, tu manera de pensar con respecto a las mediciones y a la forma de usarlas tendrá un gran impacto en la productividad y los resultados de tu equipo. Erróneamente, muchos líderes ven las mediciones como rendición de cuentas. Esta mentalidad crea toda clase de disfunciones y barreras para el alto desempeño. Cuando los líderes piensan de esta manera en cuanto a las mediciones, tienden a usarlas para activar consecuencias negativas sobre sus subalternos. En otras palabras, cuando las mediciones son vistas como el sistema de llamado a cuentas, los líderes las usan, junto con las consecuencias negativas, para llamar a cuentas a los miembros de su equipo. En este entorno, sus empleados y compañeros aprenden a evitar las mediciones y también a sus jefes.

Cuanto más uses las mediciones para activar consecuencias negativas, más las evitará tu equipo e incluso se resistirá a ellas.

Las mediciones no son un llamado a cuentas, solo son retroalimentación. Su uso más efectivo es como mecanismo de retroalimentación para identificar las fallas, el progreso y el éxito. De esta manera, te permiten confrontar la realidad y los contratiempos sin el rechazo y los daños colaterales asociados con las consecuencias negativas.

Lo ideal es que procures que cada persona se mida a sí misma. Si los miembros de tu equipo dependen de ti para hacer seguimiento y llevar sus cuentas, a menudo, esto será un indicador de falta de apropiación por parte de ellos. Piénsalo. Si estuvieras comprometido con tus metas y tuvieras un fuerte deseo por alcanzarlas, ¿no le harías seguimiento a tu progreso? Sabes que tienes miembros de tu equipo que han asumido responsabilidad cuando ellos mismos miden y les hacen seguimiento a sus mediciones.

Cuando tu equipo esté trabajando en su plan de 12 semanas procura asegurarte de que cada miembro tenga establecido un conjunto de mediciones clave, indicadores adelantados y rezagados y que esté comprometido con el seguimiento. Esta no debe ser una lista larga de mediciones, sino un puñado de medidas que le provean retroalimentación significativa a cada persona.

Además, al tener a tu equipo enfocado en el plan de 12 semanas, tendrás la plataforma para entrenarlo. Todo lo que necesitas para hacerlo con eficacia y a fin de obtener un mayor desempeño y resultados más consistentes está disponible en *El año de 12 semanas*. Uno de esos elementos es la tarjeta de puntaje semanal. Como líder, tú debes procurar revisar con tus subalternos sus puntajes semanales. Sin saber las especificaciones del plan de una persona, al ver su puntaje semanal, puedo asegurar qué probabilidades tiene de alcanzar sus metas. Al evaluar sus puntajes semanales, tú también sabrás de inmediato si alguien está en riesgo. Si tienes un subalterno con un puntaje inferior al 60% en determinada semana, ese es un indicador de que tu subalterno necesita ayuda. Un puntaje no determina un año de 12 semanas, pero sí es una bandera roja de que será necesario hacer algún tipo de intervención para ayudarle a alcanzar sus metas de 12 semanas.

Trampas comunes y consejos de éxito

A continuación, describiré algunas trampas que debes evitar cuando hayas determinado tus mediciones y les estés haciendo seguimiento. Además, te daré un par de consejos sobre cómo hacer que las mediciones te funcionen.

Trampa #1. Creer que las mediciones son complicadas o no tienen importancia

Muchos usan la excusa "no soy una persona de números" para evitar las mediciones. No seas uno de esos. Si vas a desempeñarte a tu mejor nivel y alcanzar tus metas, vas a tener que medir.

Trampa #2. No programar un bloque de tiempo cada semana para evaluar tu progreso

Determina un tiempo cada semana, ya sea al final de esta o a primera hora el lunes, y sepáralo para calificar tu ejecución, hacerles seguimiento a tus indicadores y planear la siguiente semana. Entre 10 y 15 minutos son suficientes para la mayoría de las personas.

Trampa #3. Abandonar el sistema cuando no tienes un buen puntaje

Muy a menudo, la gente abandona el sistema y deja de calificarse cuando tiene dos semanas malas seguidas. Ten el valor de evaluar cada semana y no retrocedas, incluso cuando tengas una semana decepcionante.

Consejo #1. Revisa tu puntaje semanal con un compañero o un grupo pequeño cada semana

Los estudios han demostrado que, cuando las personas aprovechan a sus equipos, logran muchísimo más en sus planes. Revisa la sección de las RSRs del Capítulo 15.

Consejo #2. Comprométete a tener avances cada semana

Quizá, no logres mejorar tu ejecución del 45% al 85% en una semana, pero sí es posible pasar del 45% al 55% o al 60%. Concéntrate en progresar. La meta es elevar tu nivel de ejecución semanal. Un puntaje semanal que va en aumento es una señal positiva que indica buenas posibilidades de éxito en tus metas.

Consejo #3. Recuerda que el puntaje semanal inferior al 85% no necesariamente es malo

Un puntaje del 65% indica una mejora en actividad comparado con las anteriores 12 semanas. Incluso en el 65% la mayoría de las personas verán mejoría en sus resultados. La pregunta que debes hacerte es esta: "¿Es suficiente un puntaje de ejecución del 65% para alcanzar mis metas de 12 semanas?".

Consejo #4. No tengas miedo de confrontar lo que te dicen los números

Si no estás dispuesto a confrontar la realidad, entonces nunca podrás cambiarla.

Cuando les hagas seguimiento a los indicadores adelantados, tu sistema de ejecución te ayudará a identificar las causas principales de cualquier ruptura que experimentes durante tu desempeño. Cuando esto ocurra, debes saber si fue por causa de un problema en tu ejecución o se debió al contenido de tu plan. Hay una GRAN diferencia entre estas dos causas y la única manera de saberlo a ciencia cierta es midiendo tanto los resultados como la ejecución.

Capítulo 17

Retoma el control de tu vida

Una de las barreras que nuestros clientes suelen mencionar al explicar lo que les impide lograr más de lo que pueden hacer es la falta de tiempo. Es tan común, que parece muy real, pero muchas veces no es así; es más bien una cortina de humo que cubre la barrera real. De hecho, con mayor frecuencia, lo que te mantiene alejado de ser excepcional no es la falta de tiempo, sino la forma en que lo administras. Sé que parece un asunto de semántica, pero créeme, es una diferencia importante.

El siguiente es un relato muy motivante sobre cómo el hecho de separar tiempo le permitió que Annette Batista equilibrar las exigencias que competían por su tiempo para así sobresalir en lo que era más importante para ella.

Han pasado casi dos años desde que leí por primera vez El año de 12 semanas. *Lo devoré y apliqué los principios no solo en la empresa que dirigía desde casa, sino también a nivel personal y profesional.*

Mis metas de 12 semanas eran mantener un buen rumbo cada 12 semanas para la premiación anual que se les daba a los mejores trabajadores y comenzar a educar a mi hijo desde casa. Para esto, sabía que necesitaba un buen plan.

Soy consejera de superación. En ese papel, educo a mis clientes sobre beneficios médicos, les ayudo a elegir un plan de salud y un doctor para ellos y/o sus hijos, así como un plan dental y un odontólogo para toda la familia. A fin de alcanzar mis metas, cada mes debo completar 650 llamadas telefónicas y hacer 100 visitas domiciliarias. También debo hacer presentaciones en agencias locales, asistir a ferias de salud y reuniones en la comunidad, y hacer un mínimo de 15 contactos en la comunidad cada mes, 8 de los cuales deben ser en persona. Tengo un área de seis códigos postales que debo cubrir en dos condados.

Me preocupaba cómo podría hacer eso posible. ¿Qué podía hacer cada día para llegar a donde quería estar, siendo consistente y manteniendo un ritmo? Mi profesión es exigente y gratificante al mismo tiempo. También soy esposa, madre y abuela. Era crucial que fuera intencional con mi plan para alcanzar todo lo que quería hacer.

La creación eficaz de bloques de tiempo me ayudó a alcanzar mis metas. Cada mañana, uso bloques de amortiguación; por lo general, durante una hora, de 7:30 a.m. a 8:30 a.m.; en ellos reviso mi correo electrónico, les envío una palabra de ánimo a mis colegas y priorizo mi lista de contactos en orden de importancia.

Luego, paso a los bloques de tiempo que programo cada día para realizar mis actividades clave. Durante las siguientes cuatro horas, de 8:30 a.m. a 12:30 p.m., todos los días, hago llamadas o visitas a hogares. Esos bloques de tiempo me ayudan a tener control sobre mi exigente carga laboral.

Mis bloques de tiempo funcionan tan bien que, para el martes, cuando se supone que debo comenzar a hacer las llamadas que tengo programadas para cada día, ya las he completado. Mis listas de llamadas semanales, por lo general, las completo cada mes entre una y dos semanas antes de lo previsto.

Luego, vienen mis bloques de escape. Después de almorzar, comienzo el trabajo de escuela en casa, que me toma exactamente tres horas. La enseñanza me da un descanso del trabajo. Me gusta enseñarle y mi hijo disfruta aprendiendo. Las diferentes materias que cubrimos, Biblia, Lenguaje, Ciencia, Matemáticas, Historia y Geografía, me dan una gran oportunidad de sintonizarme con diferentes cosas dentro de mi bloque de escape. Así, no hay nada aburridor.

Después del tiempo de escuela en casa, termino mi día con otro bloque de amortiguación, haciendo algunas llamadas, ingresando datos de lo que he hecho en el día y revisando mi correo electrónico por última vez, antes de finalizar la jornada; así me aseguro de que no haya algo importante pendiente para el día siguiente.

Usando las disciplinas de bloques de tiempo en la planeación de mi año de 12 semanas, he podido adelantar trabajo, a veces, hasta de dos semanas. Cuando he tenido vacaciones, las he disfrutado porque sé que no tendré cosas "pendientes" o sin hacer a mi regreso.

Me he responsabilizado de mi plan. He elegido la excelencia. Mis elecciones han hecho que gane el respeto de mi jefe y de mi supervisor, así como el de mis colegas, familiares y amigos.

Habiendo dicho todo esto, no solo alcancé mi meta de ganar el premio de consejero de superación del año en 2011, sino que también lo recibí este año, 2012, algo que nunca nadie ha hecho antes. A nivel personal, mi esposo y yo estamos aplicando este sistema a nuestras finanzas y, con la excepción de nuestra hipoteca, estamos decididos a no tener deudas para diciembre del próximo año. Lograremos en 12 meses lo que normalmente tomaría de 18 a 36.

En definitiva, el uso efectivo del tiempo es la diferencia entre un desempeño mediocre y uno excelente. El problema es que en el mundo abundan las distracciones potenciales y las interrupciones que surgen sin parar durante todo el día. Un estudio realizado por Eric Horvitz de Microsoft Research y Shamsi Iqbal, de la Universidad de Illinois, encontró que después de distraerse en tareas mentales serias debido a correos electrónicos o mensajes instantáneos, el trabajador promedio de Microsoft tomaba un promedio de 15 minutos para volver a su tarea original.

Es más, un estudio realizado en 2005 sobre el uso del tiempo, publicado por Basex, una firma de investigación de negocios, concluyó que, en un día, el 28% del tiempo promedio de los profesionales se iba en interrupciones y en el tiempo de recuperación asociado con estas. ¡Eso equivale a 11 horas de distracción en una semana de 40 horas de trabajo!

Las decisiones que tomes en cuanto a cómo usar tu tiempo son las que te dan tus resultados en la vida. Las personas que han sobresalido, los gigantes de la Historia, sea en la política, la cultura, el arte, la ciencia, la religión o en cualquier otro aspecto que venga a tu mente, no tuvieron más tiempo al día que tú o yo. Lo que marcó toda la diferencia fue lo que ellos *hicieron* con su tiempo. Las fallas están en las elecciones que hagas momento a momento. La mayoría de la gente toma decisiones que aumentan sus beneficios y minimizan los costos a corto plazo.

En el año 2011, el estadounidense promedio dedicaba 2.8 horas al día a ver televisión. Eso es el 12% de nuestra vida y es una cifra que *no* incluye las horas dedicadas a los nuevos dispositivos de entretenimiento tales como los teléfonos inteligentes y las tabletas. Solemos ver televisión para escaparnos y relajarnos. Lo hacemos en parte porque es fácil, no tenemos que hacer *nada* salvo cambiar de canal. La televisión es beneficiosa en algunos aspectos, pero ayudarnos a vivir una vida de significado no es uno de ellos.

A veces, tomas decisiones que son de bajo valor y que es poco evidente, como en el caso del tiempo dedicado a ver televisión mientras estás sentado en el sofá. Algunas de las cosas que haces pueden tener la apariencia de tenerte ocupado cuando en realidad estás eligiendo evitar las actividades más importantes que suelen ser más difíciles. Esta tendencia se evidencia en nuestra vida e incluye cosas como responder correos electrónicos y mensajes en lugar de ocuparnos de las actividades más difíciles, pero que representan mayor beneficio, tales como hacer llamadas de ventas, ejercitarnos y confrontar problemas difíciles en las relaciones.

Sin duda, es saludable tener tiempos moderados de ocio y para realizar tareas cómodas, pero cuando una y otra vez estamos eligiendo las actividades cómodas, nos condenamos a vivir vidas muy por debajo de nuestras capacidades. En algún momento, el tiempo excesivo que dedicamos a maximizar el confort en el momento nos conducirá a inevitables costos y a logros no alcanzados. Como Robert Louis Stevenson afirmó en una ocasión: "En algún momento, todos llegamos al banquete de las consecuencias".

Tener buen estado físico requiere incomodidad, tener ingresos significativos exige incomodidad, ser grande en algo exige un precio. Para alcanzar lo que deseas, vas a tener que hacer sacrificios y lo primero que deberás sacrificar será tu comodidad.

Para ser grande, debes elegir dedicarles tu tiempo a tus mejores oportunidades. Tendrás que optar por pasar tiempo haciendo las cosas difíciles que generan tus mayores dividendos. Para ser grande, tendrás que vivir de manera intencional. Esto exige de tu parte que tengas claro qué es lo más importante y luego tengas el valor para decirle no a lo que te distraiga. Tendrás que cuidar celosamente de tu tiempo, delegando o eliminando todo lo que te sea posible y que no haga parte de tus fortalezas o que no te ayude a avanzar hacia tus metas.

Según los talentos que hayas desarrollado o perfeccionado, tienes ciertas fortalezas y debilidades y, en conjunto, estas impactan tu capacidad de producir los resultados que buscas.

Muchas personas dedican tiempo y energía procurando eliminar sus debilidades. En general, querer reducir aquello que limita tus resultados es un propósito muy encomiable que vale la pena cumplir. Todos tenemos debilidades que debemos superar para tener éxito, pero muy rara vez una debilidad se convertirá en una fortaleza. Si no estás en un papel en el que te desempeñas o sobresales con tus fortalezas, es muy probable que estés en el lugar equivocado.

En realidad, lo que producirá tus más grandes logros será la aplicación concentrada y enfocada de tus *fortalezas*. Los emprendedores de éxito trabajan según sus fortalezas. Quienes más se destacan en lo que hacen han ido más allá y han trabajado según lo que llamamos sus *capacidades únicas*, que son aquellas dos o varias cosas en las que sin duda eres el mejor. Además, tienden a hacer las cosas que disfrutan hacer. Lo sepas o no, tus capacidades únicas son las responsables de tus mayores éxitos y felicidades en la vida.

Para ser tu mejor versión, debes ser intencional en alinear tu tiempo y actividades con tus fortalezas y capacidades únicas. Cuando lo hagas, también tendrás un nuevo y creciente nivel de desempeño y satisfacción.

Lograr este nivel de desempeño exigirá que separes tiempo para lo estratégico, para aquellas acciones importantes, pero no por eso urgentes. Las actividades estratégicas no suelen tener una retribución inmediata, pero crean dividendos sustanciales en el futuro. Para mantenerte concentrado en tus fortalezas, tendrás que manejar tus interrupciones y mantener al mínimo las actividades de baja retribución.

Tiempo de desempeño

El uso efectivo del tiempo es una de las cinco disciplinas de *El año de 12 semanas*. Combinado con las otras cuatro, visión, planeación, control del proceso y registro de puntajes, hace parte del sistema comprobado de ejecución del plan de tu año de 12 semanas.

Todo lo que logramos en la vida sucede en el contexto del tiempo. Lograrás tus metas importantes solo si les asignas un tiempo específico de cumplimiento. Uno de los aspectos del éxito es la capacidad de dedicarle tiempo a lo más importante.

El tiempo de desempeño es un sistema de bloques de tiempo que es fácil de usar y te permite funcionar como el director ejecutivo de tu empresa y de tu vida al hacer uso intencional de tu activo más valioso: tu tiempo. Tu compromiso y capacidad de aplicar el tiempo de desempeño es una expresión de liderazgo personal. Si vives con la intencionalidad del uso efectivo del tiempo, serás un líder más efectivo que los que te rodean y alcanzarás tu éxito personal y de negocios con mayor rapidez.

Como lo abordamos en el Capítulo 7, hay tres componentes que constituyen el cimiento del uso efectivo del tiempo. Estos son: bloques estratégicos, bloques de amortiguación y bloques de escape. Cada uno de estos tres bloques de tiempo está diseñado para ayudarte a lograr con mayor eficacia las actividades clave.

Los bloques estratégicos tienen tres horas de duración y deberías programarlos dentro de las primeras actividades de la semana, así, en caso de que te veas interrumpido o te cancelen alguna cita, tendrás tiempo para reprogramarte. En estos bloques de tiempo te ocupas de tu negocio, pero no trabajas en él. Los bloques estratégicos también deberías programarlos en horas cuando tus actividades de trabajo suelen ser pocas. Un bloque estratégico por semana suele ser adecuado.

Los bloques de amortiguación están diseñados para ocuparte de las actividades de nivel más bajo y suelen durar de 30 minutos a una hora; se programan una a dos veces por día. La cantidad de tiempo para los bloques de amortiguación dependerá de la cantidad de correos electrónicos, llamadas, interrupciones y otras tareas "administrativas" que, por lo general, debes atender.

Los bloques de escape están diseñados para evitar el agotamiento y generar más tiempo libre. Duran tres horas y deberías programarlos una vez por semana, después que el resto del año de 12 semanas te esté funcionando. Te recomiendo que solo tengas uno por mes hasta que todo esté operando y estés teniendo una buena ejecución.

Además de estas tres categorías, también puedes programar bloques de tiempo para realizar otras actividades importantes.

Modelo de semana de trabajo

Para asignar tu tiempo de manera eficiente, es útil crear la imagen de una semana altamente productiva, una semana de trabajo modelo. En el siguiente ejercicio, crearás una semana de trabajo modelo usando los bloques de tiempo para tus actividades de mayor importancia. Asignar tu tiempo de esta manera te permitirá generar el éxito que deseas. La intención es diseñar primero una semana que te permita ser lo más productivo y luego comenzar a ajustar tu horario actual para alinearlo con tu semana modelo.

La semana modelo no trata de *eliminar* las actividades de bajo valor, pues eso no funciona mucho. En lugar de ello, tendrás que separar tiempo semanal para concentrarte en tus actividades de alto valor y de altos dividendos. Si tienes un plan de 12 semanas, esas actividades de alto rendimiento son las acciones de tu plan.

Organiza tus bloques de tiempo comenzando con los estratégicos. Luego, pasando a los de amortiguación y terminando con tu bloque de escapada. Después de esto, introduce las demás actividades importantes que deban suceder cada semana.

Comencemos. Usando la plantilla de la Figura 17.1 completa los siguientes 5 pasos.

1. Primero, programa 15 minutos a primera hora el lunes en la mañana para revisar la semana previa y planear la que comienza.
2. Programa tu bloque estratégico de tres horas.
3. Programa de uno a dos bloques de amortiguación al día, de lunes a viernes, por lo general, uno en la mañana y otro cerca del final del día, (por ejemplo, de 11:00 a 12:00 y de 4:00 a 5:00). Recuerda que la cantidad de tiempo de amortiguación varía según sea la carga de trabajo individual y administrativa.
4. Programa un bloque de escape.
5. Organiza todas las actividades importantes adicionales.
    a. Citas con clientes y clientes potenciales.
    b. Reuniones recurrentes.
    c. Ventas y mercadeo.
    d. Planeación.
    e. Tareas administrativas y operacionales necesarias.
    f. Preparación para reuniones con clientes y servicio al cliente.
    g. Trabajo en proyectos.
    h. Almuerzos con referidos.
    i. Sesiones de entrenamiento uno a uno.
    j. Tareas personales.

	Domingo	Lunes	Martes	Miércoles	Jueves	Viernes	Sábado
7:00 a.m							
8:00 a.m							
9:00 a.m							
10:00 a.m							
11:00 a.m							
12:00 p.m							
1:00 p.m							
2:00 p.m							
3:00 p.m							
4:00 p.m							
5:00 p.m							
6:00 p.m							
7:00 p.m							

Figura 17.1 Modelo de semana de trabajo

En un principio, puede ser que en tu semana quede muy poco tiempo. Aunque quizá sea cierto, si has hecho el ejercicio como es debido, observarás que todas las actividades cruciales e importantes están contempladas. Los elementos que has programado son las tareas necesarias para alcanzar tu visión y llevar tu empresa al siguiente nivel. Es de suma importancia que construyas una semana que funcione en el papel, antes de llevarla a ejecución. Si no puedes hacer que funcione en el papel, de ninguna manera te funcionará en la práctica.

Al final, todo sucede en el contexto del tiempo. Si no tienes control de tu tiempo, no tendrás control de tus resultados. La efectividad personal se trata de tu intencionalidad.

Agendas de tiempo de desempeño

A continuación, están las agendas sugeridas para los bloques estratégicos y de amortiguación. Las agendas te ayudarán a aprovechar con más eficacia estos importantes bloques de tiempo.

Bloque estratégico, agenda de muestra: 3 horas

- **Reconéctate con tu visión:** 5 a 10 minutos. Revisa tu visión y evalúa el progreso. ¿Estás avanzando, todavía hay conexión emocional?

- **Revisa el plan de 12 semanas:** 10 a 15 minutos. Revisa tus mediciones. Mira los resultados versus las metas. Evalúa tu puntaje de ejecución semanal y tus indicadores adelantados y rezagados. ¿Estás teniendo una ejecución a alto nivel y estás produciendo? De no ser así, ¿qué necesitas hacer esta semana para mejorar?

- **Evalúa las fallas en el desempeño:** 10 a 20 minutos. ¿Hay alguna falla? De ser así, ¿cuál es la causa de fondo? ¿Necesitas ajustar tu plan o solo tener una mejor ejecución?

- **Trabaja en las tácticas del plan:** 2 a 2,5 horas. Usa este tiempo para completar las tácticas de tu plan de 12 semanas.

- **Otros ejemplos de actividades de bloques estratégicos:**
    - Leer un libro.
    - Tomar un curso en internet.
    - Planear para el siguiente año de 12 semanas (suele hacerse en la semana 12 o 13).

Bloque de amortiguación, agenda de muestra: de 30 a 60 minutos

- Revisa y responde correos electrónicos.
- Escucha mensajes de voz y responde según sea necesario.
- Haz las llamadas necesarias.
- Hazles seguimiento a elementos de tu lista de pendientes.

- Programa reuniones rápidas con tu equipo para responder preguntas o planear seguimientos.
- Organiza y archiva el trabajo en proceso, así como los elementos completados.
- Identifica cualquier elemento nuevo para anexar a la lista de pendientes e introdúcelo.

Estas agendas son solo ejemplos, pero observa el tipo de actividad en el bloque estratégico frente a las que hay en el bloque de amortiguación. Los bloques estratégicos están reservados para las actividades cruciales y de altos dividendos, mientras que los bloques de amortiguación están diseñados para tratar con el trabajo de bajo nivel y que te mantiene ocupado.

El tiempo de desempeño es un sistema único para bloquear tu tiempo cada semana. Te ayudará a asignarles tiempo a las cosas más importantes. ¿Qué cambiaría para ti si te enfocaras siempre en hacer más de las cosas importantes en tu vida y en tu negocio? ¿Dónde estarías en 12 semanas a partir de ahora? ¿O en tres años a partir de esta fecha? A menudo, después de tan solo una semana de aplicar estos conceptos, comenzarás a ver resultados y quizá sientas más control de tu tiempo que el que hayas tenido en años.

Cambio de mentalidad

Dado el valor y el suministro limitado de tiempo, es interesante que casi a todos se nos dificulte usarlo de la manera más eficiente que quisiéramos. Muchos de los clientes con quienes trabajamos, impulsados por el deseo natural de ganar ingresos siempre que surja la oportunidad, desechan sin dudar sus horarios previamente planeados para darles espacio a las solicitudes de clientes potenciales y compradores. Lo hacen repetidamente y al parecer no tienen presente el impacto que esto tiene sobre sus negocios a largo plazo. En efecto, el tiempo que podrían dedicarse a desarrollar su propio futuro lo dedican a desarrollar el de otras personas.

En el análisis final, muchos de nuestros clientes le dan más valor al tiempo de los demás que al propio. Para lograr un gran avance, debes considerar que tu tiempo es al menos tan importante como el de tus clientes. Solo de esta manera lograrás desarrollar tu empresa e, irónicamente, mejorar tu servicio al cliente.

Otra creencia que se interpone en el camino de una ejecución y del uso efectivo del tiempo es pensar que tú puedes hacerlo todo. Si crees que por el hecho de que trabajas con rapidez, esfuerzo y durante el tiempo necesario podrás hacerlo todo, te llevarás una desagradable sorpresa. Un estudio adelantado hace varios años encontró que, en determinado punto del tiempo, el profesional promedio tiene alrededor de 40 horas de trabajo sin terminar.

Es importante comprender la sencilla verdad de que no puedes hacerlo todo, de lo contrario seguirás trabajando bajo el engaño de que en algún momento podrás ponerte al día y, *finalmente*, harás las cosas importantes. Seguirás usando todo tu tiempo en las cosas urgentes de actividades cotidianas y posponiendo lo estratégico, que es necesario para lograr avances y, al fin de cuentas, la vida que deseas.

Si sueles posponer el trabajo estratégico para hacer las actividades urgentes y de bajo valor, nunca lograrás grandes cosas. Si trabajas creyendo que con el tiempo podrás terminar lo importante trabajando primero en lo urgente, es muy probable que nunca llegues a hacer las cosas estratégicas. Esa manera de pensar que consiste en: "Mañana o la próxima semana o el mes siguiente comenzaré a edificar mi futuro ideal" es fatalmente errada. El futuro que has de vivir es el que estás creando ahora, en este mismo instante.

Lograr un gran avance no consiste en ser incremental. Los grandes avances requieren un cambio profundo en tu manera de trabajar antes de que se vean en los resultados. Para algunos, los resultados de grandes avances pueden significar un 20% de aumento en sus ingresos. Para otros, pueden significar duplicar sus empresas. Y para otros, los grandes avances pueden consistir en tener más tiempo libre mientras conservan sus ingresos. Cualquiera sea el caso, para crear un gran avance se necesita disposición a cambiar la distribución del tiempo.

Este tipo de aumentos de desempeño pueden sonar inspiradores, pero si ya estás copando la capacidad de tu sistema actual, quizá sientas que no tienes suficiente tiempo en la semana para lograr un avance. Nuestros clientes suelen ver los mayores niveles de desempeño como algo posible para otros, pero no para ellos. Muchas veces, sienten que ya están trabajando demasiado y la idea de trabajar más para ganar más no es atractiva. Incluso pueden tener un verdadero temor al éxito, el temor que afirma: "Mi sistema actual no puede controlar el nivel de actividad que tendré cuando tenga más éxito".

Parece razonable pensar que debes trabajar proporcionalmente más para ganar más, pero esa manera de pensar es justo la limitante a lo que puedes lograr en la vida.

Piénsalo de esta manera: las personas que ganan $1.000.000 de dólares al año no trabajan 10 veces más que quienes ganan $100.000. De hecho, a veces trabajan menos, pero trabajan *diferente*.

La realidad es que no lograrás un gran avance si no estás dispuesto a cambiar la forma como administras tu tiempo. Para lograr resultados diferentes, tendrás que hacer las cosas de manera diferente y hacer cosas diferentes.

No dejes que la mecánica nuble el concepto. Para ser el mejor, tendrás que dedicar tiempo para trabajar de manera estratégica. Tendrás que encontrar la manera de manejar con eficacia las actividades de bajos dividendos. Y vas a necesitar tiempo para refrescarte y rejuvenecerte.

Aplicación de equipo

Como líder, tus comunicaciones y acciones ejercen influencia en la cultura de tu equipo. Si quieres tener el mayor impacto positivo, es importante que tus palabras y acciones estén alineadas.

Si deseas que tu equipo use su tiempo con más intencionalidad, tendrás que hacerlo tú también. Crea una semana de trabajo modelo que incluya los tres bloques fundamentales de tiempo de desempeño y otras actividades estratégicas tales como reuniones de equipo y sesiones de entrenamiento uno a uno; luego, comprométete a cumplir todo eso cada semana.

Si pones en práctica el sistema de tiempo de desempeño, es probable que crees beneficios para ti, así como para tu equipo, que verá que eres intencional cuando se trata de tu tiempo y ese será un buen escenario para que ellos hagan lo mismo. Además, si tienes los bloques de amortiguación en horas consistentes cada día, los miembros de tu equipo sabrán que cuentan con tu atención en esos momentos y sentirán que tienen acceso más confiable a ti cuando así lo necesiten.

Un cliente de nosotros, que trabaja en la industria de servicios financieros, encontró que al practicar el tiempo de desempeño y programar sus bloques de amortiguación a la misma hora todos los días, mejoró el servicio que les prestaba a sus compañeros de trabajo. Superficialmente, parece contradictorio, pero ahora estaba disponible una hora todos los días para preguntas que surgieran en el momento y durante las reuniones con su equipo. El resto del día, mantenía la concentración en desarrollar su plan. Lo que él y su equipo aprendieron fue que ellos podían contar con él todos los días, como un reloj, a la misma hora. Ya no tenían que perseguirlo para captar su atención sin saber si estaría disponible para reunirse con ellos. Ahora, su equipo sabe cuándo y dónde encontrarlo y experimenta un mayor nivel de servicio aunque las ventanas de tiempo para encontrarse con él estén limitadas a una hora por día.

Un tercer beneficio de practicar el tiempo de desempeño es que también estarás más afianzado en él y tendrás la firmeza y la experiencia para ayudar a los miembros de tu equipo a aprovecharlo.

Además de ser ejemplo del tiempo de desempeño, también es conveniente respetar a los otros miembros de tu equipo en la aplicación del sistema. Cuando ellos estén en un bloque estratégico, haz que esté bien que te pidan volver en otro momento y, la próxima vez, trata de no interrumpirlo.

Todo lo que tú y tu equipo logren sucede en el contexto del tiempo. ¡Úsenlo con intenciones claras!

Trampas comunes y consejos de éxito

Trampa #1. Sigues haciendo los negocios de la manera usual

No es productivo permitir que tus viejos hábitos en el manejo del tiempo dirijan tu actividad. Es fácil caer en tus viejos hábitos porque son cómodos y puedes aplicarlos sin mayor esfuerzo. Para crear nuevos resultados, tendrás que estar dispuesto a superar el temor, la incertidumbre, la incomodidad y crear hábitos nuevos y más productivos.

Trampa #2. No te concentras en una cosa a la vez en tus bloques estratégicos

Muchos consideran una virtud el hecho de hacer múltiples tareas. La realidad es que esto reduce tu productividad general, así como tus resultados. Según David E. Meyer, Director del Laboratorio de Cerebro, Conocimiento y Acción de la Universidad de Michigan, en lugar de aumentar tu efectividad, las múltiples tareas te hacen reducir la marcha y aumentan las probabilidades de cometer errores. Cuando en tu mente haces a un lado una tarea primaria y tomas otra nueva, en promedio, estás aumentando en un 25% el tiempo necesario para terminar la tarea primaria.

Trampa #3. Permites que las distracciones te roben la atención

En nuestro mundo moderno, la tecnología puede ser el principal distractor. Todos los días hay más y más oportunidades de distracción y desvío. Dejar que los teléfonos inteligentes, las redes sociales y el internet te distraigan de tus actividades de más alto valor te impedirá alcanzar tus metas. Algo de espontaneidad es saludable, pero si no eres intencional con tu tiempo, no aprovecharás tus capacidades al máximo. Aprende a asilarte de las distracciones cuando tengas trabajo importante por hacer.

Trampa #4. Crees que estar ocupado es lo mismo que ser productivo

Puedes trabajar en el correo electrónico, en los mensajes de voz, haciendo tareas administrativas y estar ocupado todo el día, pero esas actividades no son las que generan grandes resultados en tu vida. Seguro, estás ocupado, ¿pero estás siendo productivo? Aprende a priorizar tus actividades más importantes y a completarlas antes de hacer cualquier otra cosa.

Consejo #1. Trabaja a partir de un plan semanal por escrito

Un plan semanal por escrito vinculado a tus metas de 12 semanas evita que asignes demasiado tiempo a las cosas emergentes frente a las estratégicas. Al trabajar a partir de un plan semanal y seguir tu semana modelo, estás disponiéndote para triunfar.

Consejo #2. Incluye tu semana modelo en tu calendario

Organiza tu calendario con los bloques de tiempo modelo, programándolos como citas recurrentes. Así, eliminarás muchos conflictos potenciales de programación cada semana. Habrá ocasiones en que tendrás que mover tus bloques de tiempo, pero la mayoría de las veces, no será así. Incluso si viajas (como es mi caso) o si tus semanas no tienen ninguna rutina (como las mías), verás que es muy útil dedicar cinco minutos a ajustar tus bloques de tiempo el lunes en la mañana para que se adapten a tu semana.

Capítulo 18

Responsabilízate

Todos hemos escuchado historias de personas que se niegan a asumir la responsabilidad de sus acciones y culpan a otros por sus fracasos. Es culpa de sus padres, de su jefe, de los conservadores o liberales, de las compañías de cigarrillos, de la industria de comida rápida, el *sistema* quiere atraparlas. ¡*Bla, bla, bla!* Alguien o algo siempre es la causa de su fracaso. Nuestra cultura apoya más y más esta mentalidad de víctima. De hecho, nuestro sistema legal lo promueve. Ahora, premiamos a las personas por no asumir la responsabilidad de sus decisiones y encontrar a alguien o algo a quien culpar que no sean ellas mismas.

A pesar de los beneficios percibidos, las personas con mentalidad de víctima pagan un precio muy alto. Una víctima permite que su éxito esté limitado por las circunstancias externas, otras personas o los eventos. Mientras sigamos siendo víctimas de nuestras circunstancias, veremos la vida como una lucha y a los demás como una amenaza.

Por otra parte, rendir cuentas te permite tener el control de tu vida, darle forma a tu destino y alcanzar tu potencial. En su forma más pura, rendir cuentas consiste en hacerse responsable de las acciones propias y sus respectivos resultados. La realidad es que las personas de éxito son responsables.

Rendir cuentas no consiste en culparte a ti mismo o castigar a otros. Es una postura de vida en la que las personas reconocen su participación en los resultados. Dar cuentas no tiene que ver con la culpa, sino con lo que se necesita para crear mejores resultados. Mientras no asumamos la responsabilidad de nuestras acciones y los resultados a nivel personal y de organizaciones, no podremos cambiarlos o mejorarlos. Solo cuando aceptemos que nuestras acciones tienen un impacto en el resultado estaremos verdaderamente capacitados para crear los resultados que deseamos.

Cuando reconocemos nuestra responsabilidad, cambiamos el enfoque pasando de defender nuestras acciones a aprender de ellas. Los *fracasos* se convierten en retroalimentación para el proceso continuo de alcanzar la excelencia. Las circunstancias desfavorables y las personas que no cooperan, no nos impiden alcanzar los objetivos que tenemos y tomamos una posición diferente, creando así resultados diferentes.

Así es como Danny Fuentes lo asimiló.

> *Cuando llegué a casa después de su seminario de* El año de 12 semanas, *estaba muy entusiasmado y listo para hacer algunos cambios necesarios en la manera como dirijo mi empresa y me puse manos a la obra.*
>
> *Pero no pude iniciar sesión en el sistema y me tomó una semana y media resolverlo. Para entonces, ya estábamos en plenas festividades de fin de año y noté que estaba volviendo a caer en la misma mentalidad de "buscar excusas". Sentía que ni siquiera había comenzado y ya tenía dos semanas de retraso. Sin duda, me sería fácil culpar a la falta de acceso al sitio de internet, a los horarios*

de vacaciones y a la gran cantidad de trabajo innecesario que me hace sentir que puedo justificar mi trabajo.

Al final, solo se trata de ser responsable ante nadie más que tú mismo y no buscar excusas, incluso cuando las tengas a la mano y te sientas tentado de usarlas.

No es una adaptación fácil hacer las cosas difíciles, aquellas cosas que, después de 23 años trabajando aquí, me he dicho a mí mismo que merezco no hacer.

Es una gran oportunidad de usar las herramientas provistas para hacer algunos cambios necesarios y a veces muy dolorosos. Todo se redujo a la realidad de que, si no estoy dispuesto a ser disciplinado en mi cotidianidad, nada cambiará y mi visión nunca se hará realidad.

El único culpable de mi fracaso o éxito soy yo. El desafío es mantener de alguna manera la mentalidad que me permita recordar que las pequeñas cosas que se hacen hoy son importantes.

Agradezco que me hayan compartido este proceso de tal manera que pueda interiorizarlo para cambiar mi forma de pensar y, lo que es más importante, de hacer.

Esto no puede volverse mi rutina. Debe ser un cambio de estilo de vida, el cual sigo desarrollando y perfeccionando. No tengo la ilusión de que los viejos hábitos sean fáciles de romper. Sin embargo, este sistema me ha permitido tener un proceso en lugar del simple deseo de mejorar.

Es evidente que Danny lo ha captado. Siempre hay obstáculos y adversidades en cualquier esfuerzo que valga la pena y es fácil usarlos como razones, o más bien, como excusas, para no completar el trabajo que debe hacerse. Incluso a veces, puedes sentirte justificado con tus excusas. Quizá, se te presenten ciertas circunstancias fuera de tu control que te hagan desviar, obstáculos insuperables que nadie en su sano juicio esperaría que superes.

Cuando Dustin Carter era niño, fue llevado de urgencia al hospital con una rara enfermedad en la sangre. Para salvar su vida, los médicos tuvieron que amputarle los dos brazos y las piernas. ¿Puedes imaginarlo? ¿Te identificas con esto? Yo no puedo. He tenido muchos desafíos, pero ninguno como este. Ni siquiera alcanzo a imaginar el horror: despertar de una cirugía sin brazos ni piernas. ¿Por qué no sentir lástima de ti mismo, como si la vida te hubiese repartido una mala baraja? Si alguien alguna vez tuvo razones para sentir pena de sí mismo, ese fue Dustin.

Pero lo curioso es que, si Dustin se sintió así, no fue por mucho tiempo. No solo no permitió que sus impedimentos físicos lo detuvieran, sino que aprendió a sobresalir físicamente. Imagina lo que es despertar un día sin brazos ni piernas, pero pensando en lo que quieres hacer en la vida. De todas las opciones que tienes, ser luchador probablemente no sería uno de los primeros planes en la lista. Pero no fue es así con Dustin. De hecho, la lucha es lo que él decidió hacer y, mediante mucho esfuerzo y horas de entrenamiento, se convirtió en un luchador consumado. Dustin hizo más que superar sus desafíos físicos, ¡los *destruyó!* Y en el proceso, pasó a ser la inspiración de millones de otras personas que enfrentan desafíos de todo tipo.

¿Barreras? ¿De verdad? Me da vergüenza pensar en lo que Dustin tuvo que superar, comparado con las cosas que yo dejo que me detengan. ¿Y cuál es tu caso? ¿Qué permites que se interponga en tu camino?

Piensa en las barreras y obstáculos que has permitido que te alejen de tus objetivos.

¿No crees que es hora de dejar las excusas a un lado y no permitir que nada se interponga entre tú y la vida que anhelas tener? La vida que estás viviendo hoy es el resultado de las elecciones que has hecho. Puedes culpar a las circunstancias, tu crianza, tu familia, a las escuelas donde estudiaste, a tu jefe o a los políticos, pero el hecho es que tú no tienes control sobre nada de eso. Lo que sí puedes controlar son tus respuestas a todo ello. Rendir cuentas no es fácil y, a veces, es muy desagradable, pero si tomas en serio tus objetivos, debes asumir la responsabilidad de tu situación.

Responsabilizarse significa dejar de mirar fuera de ti mismo. Deja de permitir que todas esas *cosas* te impidan vivir la vida que deseas, la vida que puedes vivir. Al final, a nadie, aparte de algunos amigos cercanos, realmente le importa si tienes éxito o no. Puedes tener todas las excusas que quieras, pero al mundo no le importa. Así suene duro, esa es la verdad. O quizá, de vez en cuando, puedas tener algo de simpatía y, si tienes suerte, logres una cerveza gratis, pero eso será todo. Si renuncias a tu poder, nunca obtendrás el éxito que tanto anhelas. Decide ahora mismo nunca más dejar que las excusas te impidan alcanzar tus objetivos.

Acciones para crear una mayor responsabilidad en tu vida

Las siguientes son cuatro cosas que puedes hacer para fomentar una mayor responsabilidad y obtener más de lo que deseas en la vida.

1. **Decide nunca volver a ser la víctima.** No puedes lograr una vida de significado si continúas cediendo tu poder. Decide nunca volver a ser la víctima. Presta atención cuando estés inventando excusas y conformándote con la mediocridad. Concéntrate en lo que puedes controlar. Rendir cuentas es primero una mentalidad; luego una acción. Para hacer realidad tu visión, responsabilízate de tu manera de pensar, de tus acciones y tus resultados.

2. **Deja de sentir pena por ti.** Sentir pena por ti mismo no produce más que autocompasión y, si lo haces durante el tiempo suficiente, también te producirá depresión. Está bien sentirte decepcionado y triste cuando las cosas no salen como esperas, pero no dejes que ese sentimiento permanezca por mucho tiempo y se convierta

en autocompasión. Aprende a tener control de tus pensamientos y actitudes.

3. **Ten la disposición de tomar diferentes acciones.** Si deseas resultados diferentes, debes estar dispuesto a hacer las cosas de manera diferente. Como dice mi amigo Lou Cassara, autor de *From Selling to Serving*, si quieres algo que no tienes en este momento, debes hacer algo que no estés haciendo actualmente. Tomar acciones no solo cambiará los resultados, también cambiará tu actitud. He aprendido que cuando me siento desanimado, una de las formas más rápidas de cambiar mi perspectiva es emprendiendo acciones.

4. **Asóciate con personas "responsables".** Un proverbio dice: "El que camina con sabios se hace sabio". Las personas con quienes te relaciones importan. Mantente alejado de las personas que tienen una mentalidad de víctimas y de los que siempre tienen excusas. Considera esa mentalidad como si fuera una enfermedad mortal y contagiosa. Cultiva relaciones con personas responsables. Si en tu vida hay personas importantes que suelen valerse de excusas, sé una influencia positiva, pídeles que lean este capítulo y sé tú un modelo de responsabilidad para ellas.

> "Tarde o temprano, todos llegamos al banquete de las consecuencias". —**ROBERT LOUIS STEVENSON**

Toma unos minutos ahora mismo y escribe las acciones que quieres implementar para crear más responsabilidad en tu vida y en tus negocios:

_____
_____
_____
_____

Cambio de mentalidad

Rendir cuentas es un cambio masivo de mentalidad. Como lo hemos mencionado, nuestra sociedad ve la rendición de cuentas como consecuencias. Rendir cuentas no consiste en consecuencias, sino que se trata de asumir responsabilidad. Es comprender que, aunque no controlas las circunstancias, sí controlas tu respuesta a estas. Es entender que la calidad de tus elecciones determina la calidad de tu vida. Es reconocer que, en cualquier situación, siempre, siempre, siempre ,tienes opciones. Pueden no ser muy atractivas, pero aun así tienes opciones y esa es una distinción importante y poderosa.

Tu manera de pensar respecto a la rendición de cuentas influye en todo.

Aplicación de equipo

Los beneficios a largo plazo de la responsabilidad son claros: mejores resultados, una creciente sensación de control, menos estrés y una mayor sensación de bienestar general, tanto para las organizaciones como para las personas.

Imagina un escenario donde la cultura de tu empresa adopta la rendición de cuentas, donde la responsabilidad sea considerada positiva y los miembros del equipo acepten voluntariamente tener relaciones de rendición de cuentas. Piensa cómo sería una organización donde, en lugar de tener que llamar a cuentas a las personas, esa responsabilidad fuera simplemente parte de la forma de trabajar de todos.

Los líderes deben ir más allá de la noción limitada de la rendición de cuentas como consecuencias. Todas las organizaciones con las que hemos trabajado hablan de pedirles cuentas a sus empleados. La rendición de cuentas no puede imponerse, exigirse, ni forzarse. Es una consecuencia inevitable de la libertad. Cuando los líderes intentan llamar a cuentas a su gente, ellos adoptan una actitud defensiva y sin intención generan una cultura de víctimas. El acto mismo de llamar a cuentas a alguien no da oportunidad para que la persona asuma la responsabilidad de sus acciones o del resultado de estas. Hasta los más responsables entre nosotros retroceden por naturaleza.

La gente entrega aquello de lo que se responsabiliza. Como líder, uno de tus principales trabajos es fomentar la responsabilidad de las cosas de mayor importancia, pero eso no sucederá si continúas tratando de llamar a cuentas a las personas con quienes trabajas.

No estoy diciendo que no las confrontes. No estoy diciendo que no apliques las consecuencias, ya que estas juegan un papel en la formación del comportamiento, pero nunca lograrás un esfuerzo discrecional sin responsabilidad. Debes crear el espacio para que tu gente se haga responsable.

Los siguientes son algunos consejos sobre cómo hacer para generar responsabilidad dentro de tu organización.

- **Toma conciencia de las conversaciones de víctimas.** Observa cómo tú y otros en tu organización hablan sobre el fracaso. Enfoca esas conversaciones primero en reconocer la realidad y luego en lo que se puede hacer de otra manera en el futuro. Recuerda que los resultados que obtenemos tienen relación directa con nuestra manera de pensar. Practica una forma de pensar y hablar que reconozca la responsabilidad de tus acciones y resultados.

- **Sé un modelo de responsabilidad.** Las acciones hablan más que las palabras. Si deseas que los demás sean responsables, demuestra responsabilidad con tus acciones. Sé un modelo en cuanto a seguir haciendo lo que se espera de ti y muestra seguridad al aceptar el hecho de rendir cuentas.

- **Aclara las expectativas.** La rendición de cuentas comienza cuando hay expectativas claras. Saber lo que se espera es fundamental para la responsabilidad individual y organizacional. Como persona, debes ser muy específico con respecto a los resultados que deseas lograr y cómo vas a medir el éxito.

- **Aprende de la vida.** Vas a cometer errores. No siempre lograrás el resultado que buscas, en especial, si se trata del primer intento. Estos errores están llenos de información. Aprende a verlos como comentarios valiosos que utilizarás para mejorar los resultados futuros. Dios tiene una manera excelente de enseñarnos las mismas lecciones una y otra vez hasta que las aprendamos.

- **Enfócate en el futuro.** Rendir cuentas no se trata del pasado, sino del futuro. Muy a menudo, hacemos juicios sobre el pasado, concluyendo que fue bueno o malo, pero, en muchos casos, el pasado es lo que es. Olvídate de culpar a otros o de sentirte culpable tú mismo y avanza concentrado en el futuro y en lo que puedes hacer para obtener mejores resultados.

Tus pensamientos y creencias con respecto a la responsabilidad le dan forma a tus acciones y a los resultados de la organización. ¿Qué podría ser diferente si tu perspectiva frente a la rendición de cuentas cambiara? ¿En qué sería diferente tu cultura si confrontaras a los asesores y compañeros de trabajo con su libertad? ¿Cómo cambiaría eso tu papel y tus relaciones con tu equipo?

Cuando tú, como líder, cambies la forma de involucrarte y pensar respecto a la responsabilidad, ¡eso cambiará la conversación, la relación, los resultados y la compañía!

Trampas comunes y consejos de éxito

Trampa #1. Continúas viendo la responsabilidad como consecuencias

En este punto, deberías tener claro que rendir cuentas no es lo mismo que las consecuencias. Seguir considerando la responsabilidad como si fueran consecuencias te impedirá alcanzar tu potencial y limitará severamente a las personas que trabajan contigo. Escríbelo en una hoja de papel y cuélgalo en tu pared: *"Rendir cuentas no consiste en asumir consecuencias, sino en asumir responsabilidad"*.

Trampa #2. Miras fuera de ti mismo

Esperar a que las cosas que están fuera de tu control cambien es otro gran obstáculo. Ya sea la economía, tu empresa, tu jefe o tu cónyuge, esperar que algo o alguien cambie es terriblemente improductivo y frustrante.

Consejo #1. Reconoce la realidad

Como dijo Elizabeth Cady Stanton: "La verdad es el único piso seguro sobre el que te puedes parar". Rendir cuentas trata con la realidad. Cuando asumes plena responsabilidad, no hay lugar para nada menos que la total franqueza contigo mismo y con los demás. La situación es lo que es. La única posibilidad que tienes de mejorarla comienza con reconocer la realidad.

Consejo #2. Concéntrate en lo que puedes controlar

Para ser efectivo, debes enfocarte en las cosas que puedes controlar. No controlas las circunstancias ni a los demás. Lo único que controlas son tus pensamientos y acciones. Usa tu energía en las cosas que controlas. Trabaja para hacer que tus pensamientos y tus acciones sean productivos.

Capítulo 19

Compromisos de 12 semanas

Este es un correo electrónico que recibí de mi amigo Mick White:

Hoy es mi cumpleaños # 36. Por un tiempo, he tenido esto en mi corazón y es hora de compartirlo.

Aproximadamente dos años atrás, (en el Calendario Gregoriano, no en el calendario del año de 12 semanas), tuvimos el entrenamiento del año de 12 semanas. Muchas cosas han sucedido en esos dos años a nivel profesional y personal. Quiero compartir cómo El año de 12 semanas *me impactó personalmente, porque sé que todo el tiempo escuchan de los grandes efectos que esta lectura está teniendo en nuestro negocio.*

En la tarde del segundo día del taller, nos instruiste sobre el concepto de los compromisos y nos presentaste las cuatro claves para tener éxito en los compromisos: 1. Un deseo ardiente. 2. Acciones claras. 3. Contar los costos y 4. Actuar según compromisos, no sentimientos. Al pensar en lo que me iba a comprometer a hacer (como Noé pensando en perseguir los mosquitos), quería un compromiso verdadero que cambiará mi vida. Recuerdo haber escrito mi compromiso y pensar: "Espero que nadie más vea esto… es más, espero que Brian no me invite a compartir mis compromisos".

Verás, escribí que iba a llamar a mi mamá todos los días de lunes a viernes. Parece sencillo, ¿no crees?

Mi mamá y yo teníamos una hermosa relación. Ella era mi mayor animadora. Yo era su roca. No había mujer como mi madre. Desde el 30 de septiembre del año 2009 hasta el 11 de junio de 2011, llamé a mi mamá todos los días, de lunes a viernes (nos tomábamos libres los fines de semana). No siempre fue fácil encontrar el tiempo durante el día. No siempre era conveniente. Y, desafortunadamente, me da vergüenza decir que, algunas veces, sentía como si fuese una carga.

Sin embargo, era lo que iluminaba el día de mi madre. Cada una de las veces que la llamé, era el suceso más importante de su día. Ahora, al mirar atrás, también era lo que iluminaba mi día.

Debido al compromiso que hice en octubre 1 de 2009, mi mamá y yo hablamos por teléfono al menos 440 veces durante esas 88 semanas. Tengo algunos invaluables mensajes de voz, muchos, muchos recuerdos hermosos y una relación más profunda con mi mamá.

El último día que hablé con mi mamá fue el viernes 11 de junio de 2011, puesto que murió inesperadamente en la mañana del lunes 12 de junio de 2011.

Para mi plan actual de 12 semanas, ya no puedo añadir el compromiso de "llamar a mamá todos los días, de lunes a viernes". No hay un día que pase que no desee poder llamarla, y, en mi cumpleaños, desearía poder escuchar su voz.

El compromiso que hice cambió mi vida. Tengo una deuda eterna contigo. Estoy COMPROMETIDO a ejecutar mi nuevo plan, porque trabajo para ser la persona que mi madre siempre pensó que era.

Este mensaje me ha impactado al ver cómo un compromiso que parece ser tan sencillo puede tener un efecto tan profundo. A veces, el más pequeño de los compromisos puede tener el impacto más grande cuando lo cumplimos. Los compromisos de 12 semanas de verdad pueden cambiar la vida.

El poder de los compromisos

Compromiso es el segundo de los tres principios de *El año de 12 semanas.* En el *American Heritage Dictionary (Diccionario de Herencia Americana)*, Cuarta Edición, es definido como: "El estado de estar emocional o intelectualmente obligado con un curso de una acción o con otra persona". Un compromiso es la decisión consciente de tomar una acción específica para crear el resultado deseado.

Los compromisos son poderosos. En cierto sentido, el compromiso es la rendición de cuentas proyectada hacia el futuro. Tú decides de antemano que harás lo que sea necesario para alcanzar tu meta, y entre más responsable seas, más posibilidades tendrás de cumplir con tus compromisos.

> Compromiso: "El estado de estar emocional o intelectualmente obligado con un curso de acción".

Todos tenemos ejemplos del poder del compromiso, alguna ocasión en la que nos aferramos a una meta u objetivo y estuvimos dispuestos a hacer lo que fuera necesario con tal de alcanzarlo. Piensa en alguna ocasión similar en tu vida. ¿Qué sentiste en el proceso y al mantener tu compromiso? ¿Qué sentiste al alcanzar tu meta? ¿Cómo te hizo sentir eso acerca de tu capacidad para alcanzar otras metas? ¿En qué se vieron afectadas tus acciones y decisiones con la visión de esa meta, incluso al enfrentar adversidades o cuando te viste tentado a renunciar?

Quiero ver los compromisos en dos niveles. El primer nivel describe aquello a lo que nos referimos como compromisos personales y los hacemos con nosotros mismos. El segundo se trata de los compromisos que hacemos con los demás, de dar nuestra palabra. Comencemos con los compromisos personales.

Compromisos personales

Un compromiso personal es una promesa que haces contigo mismo para realizar acciones específicas. Puede tratarse de trabajar de manera consistente, pasar tiempo con la familia, dejar de fumar o hacer cierto número de llamadas de ventas cada día. Toma unos minutos ahora mismo y piensa en dos compromisos personales que has hecho contigo mismo y que los hayas cumplido.

- Identifica y escribe dos compromisos personales que hayas logrado mantener:

    _____
    _____
    _____
    _____

Ahora, piensa en cuáles fueron los resultados para ti al haber logrado mantener estos compromisos. ¿Cómo te sentiste contigo mismo? Como resultado de cumplirlos, ¿después te fue más fácil hacer y cumplir otras promesas que te hiciste a ti mismo? ¿Cómo te sentiste ante tu capacidad de hacer lo necesario para obtener el resultado sin importar qué fuera? Escribe tus pensamientos a continuación.

- Beneficios de cumplir los compromisos personales:

_____
_____
_____
_____

En el Capítulo 9 hablamos sobre lo poderosos que son los compromisos, y, aun así, en ocasiones, todos luchamos con cumplir los compromisos que hacemos.

Las resoluciones de Año Nuevo suelen ser muy buenos ejemplos de este tipo de dificultades. De hecho, la mayoría de estas resoluciones queda en el abandono desde mucho antes que la meta esté cerca de ser alcanzada. Démosles una mirada a las razones de esto. Para darle marco a tu manera de pensar, usaremos la metáfora de un iceberg (ver Figura 19.1). Probablemente, sepas que una pequeña porción de un iceberg, cerca del 10% de este, está por encima de la superficie del agua, mientras que la gran mayoría de su masa está sumergida. Lo que estoy sugiriendo es que los seres humanos somos muy parecidos a los icebergs en ese sentido, dado que, en ciertos momentos, solo una pequeña fracción de nuestros pensamientos, emociones y sensaciones físicas de los que somos conscientes sobresale por encima de la superficie de nuestra consciencia.

Usando la metáfora del iceberg, ¿dónde crees que están las intenciones: por encima de la superficie o por debajo? Sí lo piensas, verás que las intenciones están por encima y por debajo de la superficie.

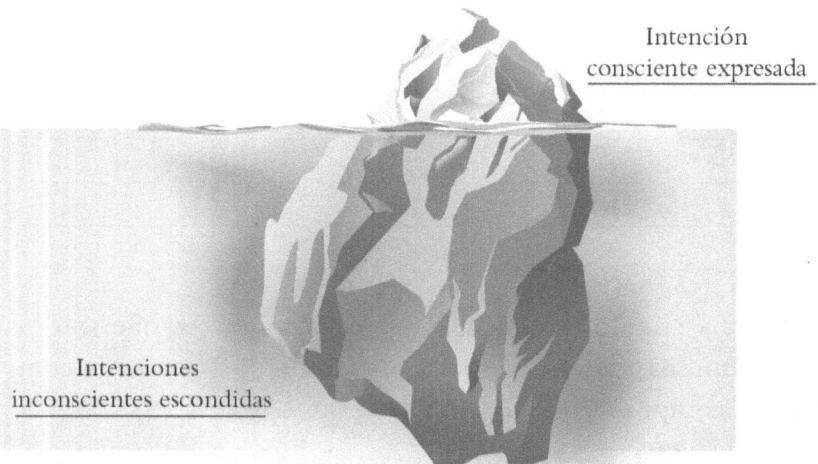

Figura 19.1 El iceberg de las intenciones

Esto significa que tenemos intenciones de las que somos conscientes y también de las que no, intenciones escondidas. A menudo, las intenciones expresadas, de las que soy consciente, están en conflicto con las intenciones de las que no tengo consciencia. Miremos un ejemplo de intenciones en conflicto.

Una resolución común de Año Nuevo es perder peso. Durante nuestro taller, solemos hacer la pregunta: "De los presentes, según su propio estándar, ¿quién considera que tiene sobrepeso?". Por lo general, al menos, la mitad de los presenten levantan la mano. Piénsalo: "Según mi propio estándar ¿tengo sobrepeso?". Si tu respuesta es sí, entonces tienes intenciones en conflicto. En el nivel del 10%, tu intención es alcanzar tu peso ideal, pero en el nivel del 90%, según los resultados, tus intenciones son diferentes.

Cuando les pedimos a los participantes que hagan una lista de sus intenciones escondidas, obtenemos lo siguiente:

- Me gusta comer y no quiero renunciar al placer de la comida.
- No quiero salir de mi cama cálida para correr en el frío de la mañana.
- No quiero esforzarme.

- No me veo en ese peso, siempre he sido pesado.
- No hay suficiente tiempo.

Técnicamente, estas razones son manifestaciones de intenciones más profundas, como: el deseo de comodidad, placer, satisfacción, relajación y demás razones similares. El punto es que, a menudo, las intenciones escondidas están bajo la superficie y entran en conflicto con nuestras intenciones expresadas, así que luchamos frente al hecho de mantener nuestros compromisos y seguir adelante con nuestras intenciones.

Los compromisos exitosos ocurren cuando tus intenciones expresadas son más fuertes que las intenciones ocultas o cuando reconcilias conscientemente el conflicto.

Miremos un ejemplo de negocios. Para muchos profesionales de ventas que generan referidos consistentes, esta puede ser la diferencia entre el éxito y el fracaso, pero, incluso los representantes de ventas que tienen la intención expresada de pedir cierto número de referidos por semana, a menudo, no lo hacen. Es claro que algo se está interponiendo en el camino. ¿Cuáles vendrían siendo algunas de las intenciones ocultas de los representantes de ventas con respecto a solicitar referidos?

Posibles intenciones escondidas:

- No me he ganado el derecho a un referido.
- No quiero arriesgar la venta actual por pedir una referencia.
- Le temo al rechazo.
- No quiero parecer necesitado.
- Quiero agradar.
- Eso podría hacer que la situación se vuelva incómoda.

La probabilidad de que un representante de ventas con una variedad de intenciones ocultas como estas pida una referencia es cercana a cero. Para ser efectivo, primero el representante debe saber que estas intenciones existen y conciliarlas con el deseo de obtener referencias.

En el Capítulo 9 te dimos cuatro claves para tener éxito en los compromisos, como un recordatorio. Estas claves son:

1. Un fuerte deseo
2. Acciones claves
3. Evaluación de los costos
4. Actuar según compromisos, no según sentimientos

Ahora démosles uso a estas cuatro claves.

Ejercicio de compromiso

En este ejercicio, te pediremos que realices el proceso de establecer un conjunto de compromisos de 12 semanas.

A continuación, encontrarás una hoja de trabajo del año de 12 semanas con los pasos a seguir para completarlos:

1. Primero, determina unas cuantas metas que para ti representarían verdadero avance en una de las categorías de la rueda de compromisos: espiritual, matrimonio/relación, familiar, comunidad, físico, personal o de negocios. Escribe esas metas en la sección de la Figura 19.2, que se titula: "Definición de objetivos". Recuerda expresar esas metas en términos positivos y sé lo más específico posible; haz que sean medibles. Como ejemplo, usemos esta meta: pesaré 185 libras y tendré 10% de grasa corporal.

2. Luego, identifica la acción clave que tendrá el mayor impacto en la consecución de tu meta. Es importante notar que no estamos diciendo

que esta es la única acción que tendrás que tomar, sino que es la que tiene el mayor impacto. Lo ideal es que esta acción sea algo que puedes comprometerte a hacer bien sea diaria o semanalmente. Escribe una acción por cada meta en la columna etiquetada: "Acciones clave".

Siguiendo con mi ejemplo de ponerme en forma, hay muchas cosas que hacer para perder peso y mejorar mi estado físico. Las dos categorías básicas son dieta y ejercicio, pero dentro de esas tengo docenas de opciones con respecto a mis elecciones nutricionales y hábitos de ejercicio. Debo elegir una acción que, más que cualquier otra, impacte positivamente mí estado físico. Lo ideal es que sea un catalizador que me anime a hacer otras acciones también.

Personalmente, si me ejercito cuatro o más veces por semana, mis hábitos alimenticios mejoran automáticamente y así mi acción clave para ponerme en forma está funcionando.

Este es un paso importante porque para tener éxito no solo debes comprometerte con tu meta, sino también, y más importante aún, ¡comprometerte con tu acción clave!

3. Ahora, determina los costos que tendrás que pagar por tomar esa acción consistentemente cada semana. Escríbelos en el cuadro que está debajo de "costos del compromiso". Es ahí donde se evidencia cualquier intención oculta que tienda a entrar en conflicto con el objetivo que has declarado. Por ejemplo, el costo de ejercitarte todos los días podría incluir dejar la TV, reducir el golf, socializar menos, pasar menos tiempo con

mi familia, levantarme más temprano y hacer ejercicio sin importar lo cansado que estés. Los costos de hacer dieta podrían incluir dejar de comer algunas de mis comidas favoritas, reducir el número de veces que como afuera y tomar porciones más pequeñas.

4. Por último, encierra en un círculo las acciones claves por las que estás dispuesto a pagar los costos. ¡Estas serán tus compromisos para tu próximo año de 12 semanas! Esas son las acciones que escribirás y ejecutarás dentro de tu plan de 12 semanas.

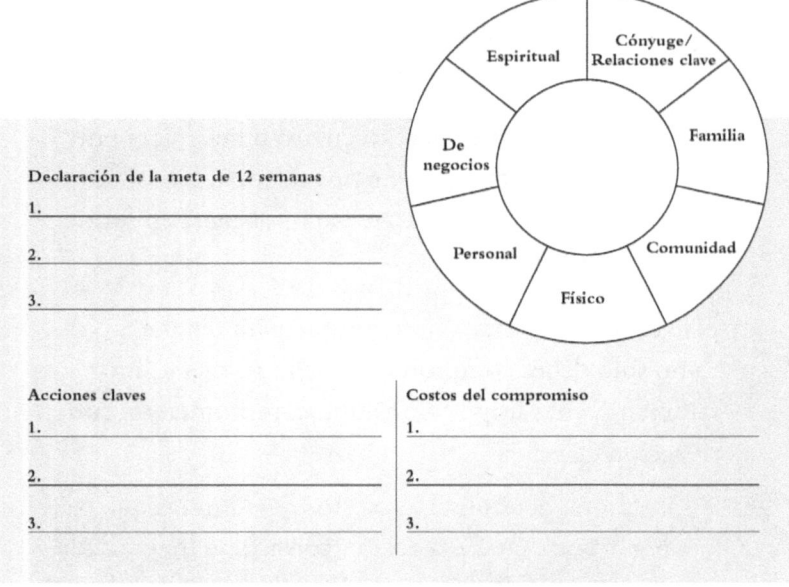

Figura 19.2 Los compromisos personales son un camino poderoso con el que lograrás hacer un cambio en tu vida cada 12 semanas.

Los compromisos con los demás

El segundo tipo de compromiso que quiero explorar tiene que ver con las promesas que les haces a los demás. Para empezar a abordar cómo ser más exitoso en el cumplimiento de esas promesas, toma unos minutos y responde las siguientes preguntas.

- Piensa en un evento en el que alguien te prometió algo que era muy importante para ti, pero nunca te lo cumplió. Describe la situación y cómo te hizo sentir.
- Recuerda un suceso específico cuando te comprometiste con alguien y no le cumpliste. ¿Cómo se sintió esa persona? ¿Cómo te sentiste tú?
- ¿Cuál es el impacto de las promesas rotas en cada una de las partes y en las relaciones?
- Cuando en nuestros talleres les pedimos a los participantes que comenten los resultados de una promesa rota, los siguientes son algunos de los comentarios que escuchamos:
  - Pérdida de integridad
  - Pérdida de confianza en la persona que nos ha decepcionado
  - Pérdida de credibilidad
  - Ruptura en la relación

Es una lista corta, ¡y desagradable! No cumplir con lo que comprometes destruye las relaciones y contribuye al fracaso y a problemas de autoestima.

La mayoría de los dolores emocionales es el resultado de promesas rotas, sean explícitas o implícitas. Las promesas explicitas son lo que has dicho, mientras que las promesas implícitas se dan a entender. Algunos ejemplos comunes de las promesas implícitas son:

- Que un padre o una madre protejan a sus hijos
- Que un cónyuge ame y reconforte a su pareja
- Que un líder dé visión y actúe de manera justa
- Que un líder provea entrenamiento y desarrollo

Todos tenemos promesas implícitas con los demás de las que debemos ser conscientes. ¿Cuáles son las promesas implícitas que tienes en tu vida personal y profesional? ¿Cómo estás cumpliendo con ellas?

¿En qué puedes mejorar?

Así como hay pasos para hacer y cumplir los compromisos personales, también hay algunos pasos clave para cumplir con las promesas explícitas que les haces a los demás:

- **Un fuerte deseo de cumplir con tu palabra.** Si tu palabra significa poco, entonces se te dificultará cumplir tus promesas. En cambio, si entiendes las consecuencias de las promesas rotas y los beneficios de cumplirlas, si tu palabra es importante para ti, será más probable que cumplas las promesas que les haces a los demás.

- **Evalúa los costos.** Al igual que con los compromisos personales, es importante evaluar los costos antes de hacer una promesa, así en ocasiones sea difícil detenerse en el momento a evaluarlos. Si te comprometes para más tarde darte cuenta de que no puedes o no estás dispuesto a cumplir, renegocia la promesa pronto, antes que la incumplas.

- **Toma acciones conforme a lo que has prometido.** Similar a los compromisos personales, habrá momentos en los que, simplemente, no tendrás deseos de cumplir. En esos momentos, necesitarás actuar de manera intencional según lo que hayas prometido, no siguiendo tus sentimientos.

Cambio de mentalidad

Para ser consistente con tus compromisos tendrás que alinear tu manera de pensar con unas pocas creencias fundamentales. La primera es que está bien decir no. La gente suele preferir que le digas que no a que le incumplas una promesa. El desafío es que, en el momento, casi siempre es difícil decir que no porque no quieres decepcionar a nadie. La persona está justo frente a ti y tú tienes la oportunidad de aportar y ayudar. Se siente mucho mejor decir sí que decir no, pero aunque decir no es decepcionante en el momento, a la larga, es mucho mejor que comprometerte y no cumplir con tus promesas. Está bien decir no, de verdad, está bien.

Dado que los compromisos requieren sacrificio, además de aprender a decir no, debes entrenarte a ti mismo para sopesar y vincular los beneficios a largo plazo versus la inconveniencia y la incomodidad a corto plazo. Posponer la gratificación es la idea productiva. Este no es un concepto en el cual la mayoría de las personas parece estar interesada, pero sigue siendo la línea más recta hacia tus metas. Por eso, la primera clave para el compromiso efectivo es un deseo ardiente. La mentalidad de compromiso consiste en elegir resultados agradables por encima de las actividades agradables.

Con los compromisos, al igual que con cualquier cosa que tomes en serio, no te des por vencido sicológicamente. Jim Collins escribió un excelente artículo para *Fast Company* titulado "Lecciones de liderazgo de un escalador de rocas". En dicho artículo, introdujo el concepto de fracaso versus "caída". Jim usó su experiencia como escalador para describir el concepto. El siguiente es un extracto:

> "Fracaso y caída. La diferencia es sutil, pero es la diferencia del mundo. En la caída, todavía sigues sin ascender, pero no sueltas la cuerda. En la caída, caes, en el fracaso sueltas la cuerda. Caer implica un completo compromiso con ascender, así las posibilidades de exitoso sean inferiores al 20%, 10% o incluso al 5%. No dejas nada en la reserva, ni recursos mentales o físicos que explotar. En la

caída, nunca te das por vencido sicológicamente: 'Bueno, en realidad, no lo di todo... Pude haberlo logrado con mi mejor esfuerzo'. En la caída, siempre das lo mejor de ti a pesar del miedo, el dolor, el ácido láctico y la incertidumbre. Para el observador externo, el fracaso y la caída parecen similares (en ambos casos, sales volando), pero la experiencia interior de la caída es totalmente diferente a la del fracaso. Solo encontrarás tu verdadero límite cuando caigas, no cuando fracases".

Por definición, los compromisos demandan "caídas, no fracasos". Fija en tu mente ahora mismo que el proceso es más importante que el resultado. No controlas el resultado, lo que controlas son tus acciones. No te preocupes de que tu meta sea demasiado grande o de no lograrla, ¿cuál es el problema? Cuando hagas un compromiso, no te descalifiques.

La sugerencia final en lo relacionado con tu mentalidad es esta: debes saber que, cada vez que avances en medio del temor, la incertidumbre y las dudas acompañan a cualquier reto, pero los beneficios van más allá de la situación particular y te van formando durante el proceso. ¡Existe una sensación de empoderamiento y liberación cuando tienes la certeza de que harás aquello que te has comprometido a hacer!

Aplicación de equipo

Como líder, tu capacidad para hacer y cumplir con los compromisos es esencial para construir y mantener relaciones sólidas y una fuerza laboral productiva. Las promesas rotas drenan las cuentas bancarias emocionales y dañan las relaciones.

Uno de nuestros clientes, Jim, el Director Ejecutivo de una exitosa firma financiera, estaba reunido con uno de sus subalternos y pudo percibir una cierta tensión subyacente. La conversación parecía menos abierta y más forzada que lo usual, así que Jim lo confrontó preguntándole si había algún problema. Su subalterno le respondió que él había acordado hacer algo, pero no lo había cumplido. Hasta ese momento, Jim estaba pasando completamente por alto la promesa rota. Al mirar sus notas, en efecto, allí estaba su compromiso de revisar un punto y volver al tema antes de finalizar la semana. En ese punto, ya habían pasado dos meses desde el momento en que él hizo el acuerdo.

Lo que encuentro interesante acerca de esta situación es que el empleado no había dicho nada al respecto y pudo no haberle dicho nada a Jim nunca; si él no lo hubiese notado, no habría tenido el valor de preguntar, pero sin duda, ese hecho estaba afectando cómo él se sentía con Jim y su relación de trabajo con él.

No vas a ser perfecto, pero mientras sea posible, sé consciente de los compromisos que has adquirido y haz todo lo que esté a tu alcance para cumplirlos a tiempo.

Sí quieres una cultura empresarial que sea buena en cumplir sus compromisos y empleados que cumplan lo que han dicho, comienza por ser el modelo para tu equipo.

Trampas comunes y consejos de éxito

Trampa #1. Pierdes un compromiso una vez y te das por vencido

A veces, la vida se interpone en tu camino y te impide cumplir con lo prometido, de tal forma que te decepcionas a ti mismo y a los demás. Cuando esto suceda, es importante volver de nuevo a caballo. ¡No te des por vencido!

Trampa #2. No logras confrontar los compromisos incumplidos

Un compromiso no es un interés que abandonas cuando se hace difícil. Cuando algo impide que se cumpla una promesa, es importante ahondar para saber las causas. Confronta la falla de inmediato y vuelve a comprometerte a pagar el precio. Al hacerlo, creces en tu habilidad para hacer y cumplir los compromisos en el futuro.

Trampa #3. No valoras tu palabra

A veces, hacemos promesas que no podemos cumplir. Muchas veces, lo sabemos desde antes de hacer la promesa. Evitamos el dolor de una relación a corto plazo diciendo sí cuando deberíamos decir no. El problema es que, cuando rompes tus promesas, les haces daño a las relaciones. Los demás sienten que ya no pueden confiar en ti. Si valoras cumplir tu palabra, evita hacer promesas que sabes que no puedes cumplir o que no cumplirás.

Consejo #1. No te comprometas demasiado

Los compromisos son serios, trátalos de esa forma. No tomes más de los que puedes manejar. Con los compromisos personales, dos o tres suelen ser suficientes y, en algunos casos, comprometerse con una sola cosa es todavía mejor. Cuando les hagas promesas a los demás, ten presente que la mayoría de las personas preferirá escuchar un no a que digas sí y no cumplas.

Consejo #2. Haz públicos tus compromisos

Si eres serio con respecto a tus compromisos, díselos a alguien confiable. Siempre que le dices a un amigo o un compañero de trabajo un compromiso que has adquirido, generas un nivel adicional de autodeterminación para cumplir a cabalidad.

Consejo #3. Apóyate en amigos

Como muchas cosas en la vida, es más fácil hacerlas con un amigo. Si es posible, encuentra a un amigo, compañero de trabajo o familiar que se comprometa contigo. El apoyo y estímulo aumentan tus posibilidades de éxito y hacen que el proceso sea más divertido.

Capítulo 20

Tus primeras 12 semanas

El propósito de este capítulo es darte un camino comprobado para las siguientes 12 semanas, de tal forma que puedas aplicar los conceptos de *El año de 12 semanas* en tu vida y en tu profesión. Escribimos este libro con la intención fundamental de que se pudiera ejecutar según lo que está escrito. No necesitas nada más para comenzar con tu plan de 12 semanas, así que, ¡comencemos!

Las investigaciones sobre lo que se necesita para hacer realidad un cambio y sostenerlo demuestran que puedes hacer algunas cosas para aumentar tus probabilidades de éxito planeando y ejecutando el plan para tu año de 12 semanas. El método que hemos establecido en este capítulo, así como el diseño fundamental del programa en sí, aprovecha lo que debes tener para implementar cambios de manera eficiente.

A medida que avances con la lectura de este capítulo, ten la libertad de ahondar en los respectivos capítulos del libro para tener más detalles e ideas de apoyo. Nuestro mayor deseo es ayudarte a crear nuevos resultados en tu vida. Al aplicar *El año de 12 semanas*, por favor, envíanos un correo electrónico para saber cómo te está yendo.

El año de 12 semanas está diseñado para ayudarte a tener el mejor desempeño mediante una ejecución más efectiva. Sin embargo, para comprender su valor completo, hay tres cosas que te ayudarán a aumentar las probabilidades de éxito.

Monstruos de resistencia

Todos seríamos grandes si no encontráramos resistencia al procurar alcanzar lo que deseamos en la vida. La realidad es que, para lograr grandes cosas, el mundo exige grandes esfuerzos. La falta de esfuerzo es la que ocasiona que muchos no lleguen a ser lo que pueden ser.

Si has llegado hasta este punto del libro, eres consciente de las muchas barreras que existen para el cambio. De hecho, el ciclo emocional del cambio muestra la respuesta emocional a esas barreras con el tiempo. La buena noticia es que hay cosas simples que puedes hacer para superar estas barreras, pero primero, es útil ser consciente de ellas.

Las barreras para el cambio son los monstruos que enfrentarás antes de poder alcanzar tus metas. Al igual que los monstruos bajo tu cama en la noche cuando tenías seis años, el monstruo de la resistencia es mucho menos espantoso a la luz del día. Así que les daremos una mirada a algunas de las barreras del cambio más comunes.

Hay muchos libros excelentes que profundizan acerca de las barreras contra el cambio. Algunos de nuestros favoritos son *Switch (Cambia el chip)*, escrito por Chip y Dan Heath; *The Power of Habit (El poder del hábito)*, de Charles Duhigg y *Feel the Fear and Do It Anyway (Atrévase aunque sienta miedo)*, de Susan Jeffers. Para ahondar más en cuanto a las barreras y las soluciones, te recomiendo que leas esos poderosos libros. Por el momento, para nuestro propósito inmediato, solo quiero unir los puntos entre las barreras comunes que se presentan ante el cambio para establecer una explicación racional de las poderosas herramientas de *El año de 12 semanas*.

La necesidad de gratificación inmediata

Cuando se les da a elegir, las personas casi siempre optan por la comodidad inmediata y que sin duda sea a corto plazo, versus los beneficios a largo plazo, a menos que haya una razón atractiva para elegir de otra manera.

Esto significa que, aunque un cambio sea de gran beneficio al implementarlo, si el costo inmediato supera los beneficios inmediatos, muchos preferirán no involucrarse.

Para cambiar tu tendencia a elegir la comodidad por encima del crecimiento, *El año de 12 semanas* trae tu visión al presente mediante las metas de 12 semanas. Las metas vinculan las acciones que tomas a diario como parte de tu plan, con tu visión a largo plazo. Por esa razón, una de las acciones recomendadas es que revises tu visión, como mínimo, unos pocos minutos cada día.

Uno de nuestros clientes, que trabaja en ventas, nos dijo que ¡en el fondo, no le gustaba conocer a otras personas! Ese era un inconveniente en su cargo de ventas porque, en la mayoría de los casos, conocer a clientes potenciales es el primer paso para vender algo. Nos dijo que, para superar ese problema que tenía el potencial de arruinar su carrera, sacaba su visión justo antes de reunirse con un nuevo cliente potencial, la ponía sobre el volante de su automóvil y la leía en voz alta. De esta manera, se reconectaba con su motivación personal, con su *porqué* para hacer ese trabajo.

Al hacer esto, cada vez que se reunía con alguien que no conocía, reprogramaba su ecuación de costo/beneficio para el momento. En lugar de elegir su comodidad a corto plazo, elegía su visión, y en el proceso, elegía conocer a nuevos clientes potenciales. Su visión y, sus acciones estaban intencional y poderosamente alineadas.

Gran cambio y múltiples metas

Un estudio de investigación realizado por Amy N. Dalton y Stephen A. Spillerm encontró que los beneficios de planear disminuyen pronto, si es que no desparecen, si persigues un plan con más de una meta.

El estudio postuló que, en sí mismo, el acto de planear para múltiples metas desanimaba a las personas cuando se veían obligadas a considerar todos los obstáculos, restricciones y actividades placenteras de las que debían abstenerse y que eran necesarias para alcanzar sus metas. En realidad, esto tiene lógica.

Cuando alguien enfrenta un gran proyecto como limpiar una casa muy desordenada que tiene múltiples habitaciones, y muchos subproyectos tales como ocuparse de una gran cantidad de ropa para lavar y aspirar tapetes sucios, no le queda más que sentirse abrumado y hasta terminará no ejecutando ninguna acción.

Esto también tiene sentido en el contexto del ciclo emocional del cambio presentado en el Capítulo 12. El paso de la primera etapa de cambio, el optimismo desinformado, a la segunda etapa, el pesimismo informado, comienza con el desarrollo de un plan escrito que identifica los costos a pagar para lograr la meta. Tu manera de pensar sobre la magnitud de los esfuerzos de ejecución afecta tu disposición a actuar.

Imagina por un momento que tienes el plan de equilibrar tu presupuesto personal, perder peso con una dieta y un programa de ejercicios, casarte en seis meses y, sobre todo esto, ¡acabas de aceptar un nuevo empleo como gerente de un proyecto que tiene una meta específica!

Ahora, imagina que, sobre todo eso, añades una meta adicional con un plan. Por ejemplo, decides conducir desde Cleveland hasta Chicago para ir a una boda el próximo sábado. Además de todo lo que ya tienes, también has añadido una nueva meta (ir a la boda) y un nuevo plan (las instrucciones para llegar). Según las investigaciones, deberías estar abrumado y rechazando todos los planes a la vez y tomando decisiones según lo que creas correcto para el momento.

Pero es no es lo que haces, ¿verdad? De hecho, subes a tu auto y siguiendo las direcciones llegas a tiempo y vas a la boda. ¿Cómo es esto posible? Bueno, la respuesta es obvia: mientras conduces, tu ejecución es según una meta a la vez. No estás completando un proyecto, ni equilibrando tu chequera, ni ejercitándote mientras conduces. Subdivides y haces a un lado las metas divergentes y sus acciones para concentrarte en ejecutar las direcciones, una a la vez, hasta llegar a tu meta. No consideras el viaje como algo abrumador.

El método del viaje en auto funciona igual con tus otras metas. La conducción confina tu enfoque porque, físicamente, tú no puedes hacer nada más mientras conduces. Quizá, pienses en tus otras metas mientras cambias de carril y miras el mapa, por ejemplo, en un extenso tramo de la interestatal, pero cuando estás activo haciendo giros, todo lo que haces es concentrarte en conducir.

En el libro *Switch (Cambia de chip)* Chip y Dan Heath afirman que, cuando tu percepción de la magnitud de un gran cambio se contrae dentro de tu pensamiento, es muy probable que alcances tu meta. Es importante notar que la meta final no se contrae; lo que importa es tu *manera de pensar* al respecto.

El estudio de Dalton y Spiller también lo confirma. Encontré que, si *piensas* que tu plan para alcanzar múltiples metas es realizable, entonces es *más que probable que lo ejecutes* y la planeación también se torna benéfica para múltiples metas. Si crees que tu plan es manejable, ¡lo ejecutarás y te beneficiarás de él! En otras palabras, tu manera de pensar respecto a tu plan ¡influye en tu capacidad para ejecutarlo!

Switch (Cambia de chip) describe dos maneras de "contraer" el cambio: primera, limita la inversión inicial de tiempo (por ejemplo, dedica cinco minutos a limpiar), y segunda, establece hitos de progreso que estén al alcance rápidamente (limpia el baño pequeño). Así, tu manera de pensar acerca de la magnitud del cambio toma otra forma y puedes "desatascarte" y comenzar a actuar.

El año de 12 semanas en sí está diseñado para crear un sentido de progreso medible desde el punto de entrada. De hecho, en este punto de tu lectura, ya has dado con éxito los primeros pasos para tu primer año de 12 semanas al llegar hasta acá.

En 12 semanas, tu progreso es visible e inmediato. Tu primer día con tu primer plan semanal te pone en un grupo élite de personas que están tomando acciones para alcanzar nuevas alturas en su vida. Si implementas las rutinas de *El año de 12 semanas*, estás actuando de inmediato para ser efectivo en la ejecución, una habilidad que te dará grandes dividendos el resto de tu vida.

Las disciplinas de *El año de 12 semanas* también te mantienen en curso incluso cuando tienes múltiples metas. Cuando defines metas de corto plazo, de 12 semanas, identificando acciones diarias y semanales, en esencia, tienes instrucciones giro a giro para alcanzar cada meta. Además, haces un seguimiento inmediato del progreso diario, mientras que cada semana asignas tiempo en tus bloques estratégicos para mantener el enfoque en una meta y acción a la vez. Al unirlos, los componentes del sistema de 12 semanas te ayudan a superar la barrera de múltiples metas y a entrar a la ejecución un día a la vez.

Viejos hábitos

Tus acciones actuales están creando tus resultados actuales. Por ejemplo, para crear nuevos resultados, para alcanzar tu meta de 12 semanas, tendrás que hacer las cosas de manera diferente y además hacer cosas diferentes. El problema es que tu entorno actual, y tus antiguos disparadores, hacen que sigas con los ciclos de comportamiento de antes, con tus viejos hábitos.

En su libro *The Power of Habit (El poder de los hábitos)*, Charles Duhigg describe un método de cuatro pasos para superar viejos hábitos y crear nuevos, y uno de los pasos clave que él identifica es trabajar siguiendo un plan de acción escrito, lo que los sicólogos llaman "intenciones de implementación". Este contribuirá a crear nuevos comportamientos incluso en la presencia de tus antiguos disparadores ambientales. Un plan crea un conjunto nuevo de opciones de acciones conscientes que ayuden a producir nuevos resultados en un ambiente ya conocido.

La rutina de ejecución semanal del año de 12 semanas crea un nuevo ambiente de ejecución con un conjunto nuevo de señales acciones y comportamientos planeados que lo cambian todo. Si constantemente aplicas la rutina semanal a tu meta de 12 semanas, es muy probable que esta se haga realidad.

Mentalidad de víctima

A veces, las personas les ceden su poder a situaciones externas porque ven sus barreras como si fueran insuperables. *Podrían* ser grandes, pero las circunstancias no se lo permiten.

Mientras veas que la solución para la grandeza es algo ajeno a ti, no tendrás la capacidad de cambiar. Lo único que controlas es tu manera de pensar y actuar; en todo lo demás, solo puedes tratar de influir. La responsabilidad personal, el apropiarte de tu visión, tus metas y de tu plan es lo más importante que puedes hacer para llegar a ser grande. Vuelve a leer los capítulos 8 y 18 para recordar el poder de la responsabilidad como propiedad. Quizá, sean los capítulos más poderosos de este libro.

Tus primeras 12 semanas

Tu primer año de 12 semanas es quizás el más importante. Si decides juguetear para familiarizarte con él, tal vez no veas grandes resultados. Esta es la experiencia de Casey Johnson cuando jugueteó al comienzo y luego lo que sucedió cuando se comprometió de lleno con el sistema.

Para obtener el máximo valor de El año de 12 semanas, *mi consejo es que lo asumas por completo desde el primer momento. Haz tu ego a un lado y reconoce que alguien más sabe algunas cosas que tú no y que tal vez te ayude a mejorar.*

Conocí El año de 12 semanas *en marzo, cuando mi compañía fue la anfitriona de una sesión de entrenamiento de dos días con los autores del libro. Al comienzo, no me convenció la idea. Jugueteé con el concepto y no vi mucho en términos de mejoría.*

Pensé que ya sabía lo que debía hacer para tener éxito y sentí que no había mucho que pudiera aprender de El año de 12 semanas, *pero estaba equivocado.*

Tres meses después, en julio, mis resultados no estaban donde los quería, sino muy por debajo de lo que sentía que podía hacer. En ese punto, me ofrecieron la oportunidad de contratar a un entrenador de El año de 12 semanas *y la acepté. Por primera vez, decidí comprometerme de lleno con el sistema.*

Ahora, al recordar, esas primeras 12 semanas de compromiso absoluto consistieron en organizar el hábito de ejecución del proceso del año de 12 semanas. Establecí una meta que me hacía esforzarme y creé un plan que se concentraba en impulsar mis actividades semanales para el desarrollo de mis negocios, el cual consistía en pedir referidos en cada reunión y hacer seis contactos iniciales (personalmente o por teléfono) cada semana. Trabajé para desarrollar el proceso de usar un plan semanal y calificarme cada semana (por cierto, no mientas sobre tu puntaje; si lo haces, no te sentirás impulsado a ser mejor). A fin de confrontarme con mis fallas de desempeño, me reunía con mi entrenador e iba a las RSR cada semana. Cambié muchas cosas, pero quizá lo más importante fue que comencé a valorar mi tiempo mucho más que antes. El tiempo perdido tiene un costo de oportunidad; ahora, si no soy insistente en usarlo en mis actividades de más alto valor, siento que estoy perdiendo dinero.

Después de mis primeras 12 semanas, ya tenía instalado con éxito mi plan del año de 12 semanas. Mis actividades estaban funcionando y los resultados habían comenzado a verse. Para el final de mis segundas 12 semanas ¡había cerrado más negocios de los que había hecho en el año y medio anterior! Según la promoción de ventas anuales en la existencia de mi compañía, ¡llegué a ser el cuarto agente del país en comisiones obtenidas durante el primer año según mi nivel de experiencia! El año anterior, había tenido un buen año, pero mi nombre ni siquiera había llegado a la lista de los mejores. ¡Ahora sí!

A todos los que quieran escuchar, les digo que, si están pensando en implementar el sistema de El año de 12 semanas, *no jugueteen, comprométanse.*

El relato de Casey es emocionante, pero no es único. *El año de 12 semanas* te ayudará a alcanzar tus metas más rápido de lo que jamás pensaste posible. La clave es comprometerte por completo en las primeras 12 semanas.

Para aplicarlo bien, vas a necesitar más intencionalidad con respecto a cómo piensas y actúas cada día de la semana. La buena noticia es que el sistema de *El año de 12 semanas* está diseñado para ayudarte a hacer justo eso. Cada 12 semanas tienen un patrón que en muchos aspectos se asemeja a un año de 12 meses.

El primer patrón repetitivo que sucede cada 12 semanas es que estableces (o te reconectas) con tu visión a largo plazo. La buena noticia es que quizá ya hayas dado este paso. De no ser así, te sugiero que vayas al Capítulo 13 y diseñes tu visión.

Después de haber determinado tu visión, el siguiente paso en la rutina de tus primeras 12 semanas es establecer una meta de 12 semanas que represente progreso hacia tu visión y que sea un gran resultado en sí misma. Cuando tu meta esté definida, crearás un plan de 12 semanas para alcanzarla.

Crear y refinar tu visión, meta y plan es algo que se da antes que comience cada año de 12 semanas.

Tu primer año de 12 semanas es único. De hecho, es útil enmarcarlo en tres etapas de cuatro semanas.

Tus primeras cuatro semanas

Los estudios han demostrado que cuando te presentan un concepto o hábito nuevo, cuanto más pronto y con mayor frecuencia lo pongas en práctica, más probable será que lo incorpores a tu rutina diaria.

Si las próximas 12 semanas van a ser un gran avance para ti, será porque has decidido hacer todo lo necesario para llevar tu desempeño a nuevos niveles. Usa las herramientas y conceptos de *El año de 12 semanas* para desarrollar con eficacia el plan que has creado.

Toma tiempo cada semana para los elementos estratégicamente importantes en el largo plazo.

Concéntrate en las prácticas elementales de *El año de 12 semanas* y aprópiate de ellas lo más pronto que puedas. Instala la rutina semanal y haz que estos tres pasos sean tus nuevos hábitos:

1. Planea tu semana.
2. Califica tu semana.
3. Participa en una Reunión Semanal de Responsabilidad (RSR). Para ayudarte a tener una mejor ejecución

también es importante bloquear tu tiempo y hacerles seguimiento a tus mediciones clave.

Decide ahora mismo comprometerte a seguir el curso de tus primeras cuatro semanas. Son cruciales. Solo consisten en tener un inicio rápido hacia tu meta y establecer el sistema de *El año de 12 semanas* como tu sistema de ejecución. En tus primeras cuatro semanas, usa la rutina semanal para alcanzar algunos triunfos iniciales y establecer unos hábitos. Un buen inicio hace que la meta final sea más alcanzable. No comiences una semana sin un plan respectivo. Cada semana toma unos minutos y califica tu ejecución (califica desde la semana #2 en adelante; no tendrás nada que calificar hasta que hayas terminado la semana #1).

Ve a tus reuniones semanales de responsabilidad y comprométete. Préstales atención a tus calificaciones, haz seguimiento del progreso y responde a cualquier falla en el desempeño.

Tus segundas cuatro semanas

Quizá, conozcas personas que tienden a iniciar con fuerza sus nuevas metas, pero luego desisten antes de lograr resultados completos. ¡No lo hagas tú! En serio, cuando comiences tu año de 12 semanas, cada semana se hace más y más fácil. Pasa a ser tu rutina. Las segundas cuatro semanas son importantes porque la novedad de las 12 semanas ya ha pasado, y el final del *año* todavía está lejos. Quizá, no tengas tanta urgencia en estas semanas intermedias.

Justo ahora, puedes disponerte para tener éxito en este y en tus siguientes años de 12 semanas. Deberías estar viendo progreso en tus cifras de indicadores adelantados y rezagados, tus puntajes semanales deberían estar mejorando en el 85% y deberías tener una sensación de avance hacia la meta. De no ser así, identifica la falla y comprométete a resolverla. Ya sea que se trate de tu plan, tu esfuerzo de ejecución o de ambos, debes hacerles frente ahora mismo. Aprender a usar tu año de 12 semanas como un sistema intencional práctico es una habilidad que te dará resultados.

Tus últimas cuatro semanas (y el secreto de la decimotercera semana)

Las últimas cuatro semanas de tu año de 12 semanas son tu oportunidad para terminar bien. Ya sea que estés en curso para alcanzar tu meta de 12 semanas o no, al terminarlas con fuerza recibirás resultados positivos y también te alistarás para las siguientes 12 semanas. En este punto, has tenido éxito en hacer lo que la mayoría de las personas rara vez logra, cambiar intencionalmente tu manera de pensar y tomar acciones para crear un salto permanente en tu desempeño y tu capacidad.

En las primeras 12 semanas tienes dos metas básicas. Una es alcanzar tu meta de 12 semanas y la otra, quizá la más importante, es aprender a aplicar de manera eficiente *El año de 12 semanas*. Haz que esta sea una experiencia de aprendizaje. Préstale atención a qué funcionó y qué no. Lleva esas lecciones a las siguientes 12 semanas.

De eso es que se trata la semana #13. Es la oportunidad de tener una semana adicional de esfuerzo, si necesitas alcanzar tus metas. También te da tiempo para evaluar tu desempeño y decidir si hay algo que debes hacer de otra manera en las siguientes 12 semanas. Por último, la semana #13 es una oportunidad para reconocer y celebrar tu progreso y tu éxito.

Consejos de éxito

Durante las primeras 12 semanas, le enviamos a nuestra comunidad correos electrónicos con consejos de entrenamiento en momentos clave. Los hemos compilado para ti en las siguientes páginas para que los consultes como recordatorios durante tus primeras 12 semanas a fin de que puedas seguir tu curso. Marca esta sección y vuelve a mirarla cuando necesites inspiración.

Entrenamiento para la semana #2

Felicitaciones, has completado tu primera semana usando el sistema de desempeño de *El año de 12 semanas*. Si todavía no has calificado la semana pasada, toma unos minutos ahora para *calificarla y planear la siguiente*. Cuando hayas terminado, responde mentalmente las siguientes preguntas:

- ¿Cuál fue tu puntaje?
- ¿Cuáles fueron los triunfos?
- ¿Cómo habrías podido ser más efectivo?

El puntaje de tu primera semana no es tan importante. Lo importante es que separes tiempo cada semana para calificar y planear. Has hecho el compromiso de mejorar y dedicaste tiempo a determinar tu futuro y crear un plan para alcanzar tus objetivos. En este punto, lo que debes hacer es ejecutar tu plan.

La ejecución efectiva se da a diario y cada semana. La clave para alcanzar tus metas de 12 semanas es aplicar el sistema de manera consistente. Con el tiempo, verás que los puntajes mejoran. Un puntaje con tendencia al alza es un indicador de una ejecución más efectiva.

Recuerda que no tienes que ser perfecto, solo debes ser consistente y persistente. ¡Que tengas una excelente semana!

"No creo que haya otra cualidad tan esencial para el éxito como la perseverancia. Supera casi todo, incluso la naturaleza". —JOHN D. ROCKEFELLER

Entrenamiento para la semana #3

¡Bienvenido a la semana #3 de las 12 semanas! No importa en qué punto te encuentres de la aplicación de *El año de 12 semanas*, está bien. No te preocupes demasiado en tus puntajes e incluso si no has completado un plan semanal, ni te has calificado. El momento decisivo es este.

La clave para la ejecución es *aplicar de manera consistente el sistema*.

Comprométete con tu visión y tu plan, y luego vuelve a comprometerte con emprender acciones, comenzando ahora mismo. Si aún no has escrito tu plan de 12 semanas, entonces hazlo antes de terminar el día. Si no has completado un plan semanal, ni has calificado tu semana, comprométete a hacerlo esta semana.

Si has tenido éxito hasta ahora en aplicar el sistema de *El año de 12 semanas*, ¡buen trabajo! El objetivo más importante durante tus primeras semanas usándolo es el compromiso. Cuando estés familiarizado con la rutina de la ejecución diaria y semanal, entonces trabaja en mejorar tus puntajes semanales.

Cualquiera que sea tu posición, comprométete a mejorar. Has invertido tiempo en visualizar tu futuro y en crear un plan para llegar allá. Ahora, todo lo que debes hacer es ejecutar tu plan.

Entrenamiento para la semana #5

Bienvenido a la semana #5. ¿Cuál fue tu puntaje la semana anterior? ¿Vas en curso con respecto a tu meta de 12 semanas?

Quedan siete semanas en este año de 12 semanas. Siete semanas para hacer que sucedan cosas buenas. Un año de 12 semanas no es mucho tiempo, ¡así que es esencial que tengas una buena ejecución esta semana! La ejecución efectiva sucede a diario y cada semana. Con solo siete semanas por delante, no puedes darte el lujo de tener un puntaje inferior al 85% a partir de ahora.

Tu puntaje semanal es importante. Puedes lograr menos del 85% y aun así tener aumentos significativos en tus negocios, pero estás dejando mucho por hacer. La diferencia entre bueno y grandioso tiene una gruesa línea de demarcación, es el 85%, semana tras semana.

Ya has avanzado cinco de tus primeras 12 semanas. ¿Qué sería diferente si hubieras tenido un puntaje del 85% o mayor cada una de las últimas semanas? Piensa en dónde estarías hoy. ¡Es asombrosa la diferencia en tan solo cinco semanas! Cinco semanas del 85% o más pueden cambiar tus resultados y lo que es más importante: *pueden cambiar tu vida*.

Piensa en el impacto de tres, cuatro o cinco años de 12 semanas en los que tengas una ejecución del 85%.

¡Ten una semana del 85%!

Entrenamiento para la semana #8

¡Ya llegamos a la semana #8! Es asombroso lo rápido que pasa un año de 12 semanas. Algo interesante que suele suceder en este tiempo cada 12 semanas es lo que llamamos la *tensión productiva*.

Con *El año de 12 semanas* hay una línea clara de visión que se crea respecto a la falta de desempeño la cual existía antes de poner en práctica tu año de 12 semanas, pero que no era tan evidente. La tensión productiva es el sentimiento incómodo que tienes cuando no haces las cosas que sabes que debes hacer.

Cuando enfrentamos la tensión productiva, nuestra inclinación natural es a resolverla. En nuestro esfuerzo por hacerlo, generalmente, elegimos uno de dos caminos. La salida fácil es dejar de usar el sistema. Así, puedes apagar la luz de alarma que se enciende en tus fallas de desempeño. Por lo general, esto toma forma de resistencia pasiva y pospones completar un plan semanal y calificar tu semana diciéndote que lo harás después, pero ese después nunca llega.

La otra manera es usar la tensión productiva como catalizador para el cambio. En lugar de responder a la incomodidad desviándote a otra cosa, usa la tensión como el impulso para avanzar hacia el cambio.

La tensión productiva es justo lo que deseas. Es el indicador adelantado del cambio sustantivo.

Si eliminas la posibilidad de renunciar como una opción, entonces la incomodidad de la tensión productiva te obligará a tomar acciones sobre tus tácticas. Si dar la espalda no es una opción, entonces la única manera de resolver la incomodidad es avanzar en la ejecución de tu plan.

Aprende a aprovechar la tensión productiva para tener una ejecución más efectiva y mejores resultados. ¡Actúa!

Entrenamiento para la semana #11

Bienvenido a la semana #11. Nos queda solo una semana antes que este *año* termine. ¿Cómo te ha ido este año? ¿Alcanzarás tu meta de 12 semanas? ¿Estás ejecutando tu plan?

Recuerda que nuestra *mentalidad* impulsa nuestras *acciones* y al final crea nuestros *resultados*. ¿Sigues pensando que te queda mucho tiempo en el año o estás enfocado en los pocos días que faltan para que termine?

En el libro *Good to Great*, su autor, Jim Collins, perfila a un equipo de secundaria de atletismo de campo traviesa que ha ganado dos campeonatos estatales consecutivos. El programa había pasado de estar entre los mejores 20 en el Estado a ser contendores consistentes y campeones estatales. "No entiendo", dijo uno de los entrenadores. "¿Por qué tenemos tanto éxito? No trabajamos más que los otros equipos. Y lo que hacemos es muy sencillo. ¿Por qué funciona?"

La respuesta quizá te sorprenda. La razón por la que el equipo tiene tanto éxito es porque ellos *terminan con fuerza*. "Corremos mejor al final de los entrenamientos. Corremos mejor al final de las competencias. Y corremos mejor al final de la temporada".

El año de 12 semanas consiste en terminar con fuerza. El final de la temporada es ahora. Nos quedan menos de dos semanas en el año, menos de dos semanas para que alcances tus metas.

Concentra tu energía en terminar con fuerza tu año de 12 semanas. La próxima semana, el próximo mes será demasiado tarde. ¿Qué puedes hacer esta semana? ¡Hoy mismo!

Haz el compromiso de terminar con fuerza:

¡Termina con fuerza las *12 semanas!*

¡Termina con fuerza la *semana!*

¡Termina con fuerza el *día!*

¡Sé grande!

Aplicación de equipo

Las primeras 12 semanas son un tiempo crítico para un gerente que desee aprovechar al máximo su año de 12 semanas. Su equipo lo mirará para determinar si esta es una nueva dirección para el equipo o solo una prueba.

Algo importante que puedes hacer es reconocer el progreso lo más pronto posible y a menudo. Hazlo en forma individual y con el equipo. Crea un sentido de progreso e impulso cada semana y asegúrate de reconocer el cambio en el proceso. Tú no controlas los resultados, así que concéntrate en el proceso.

Revisa los planes de 12 semanas de tus subalternos durante la primera semana. Haz sugerencias de mejoramiento, según convenga, pero asegúrate de que el autor del plan mantenga el control. No dejes que el equipo tenga ejecuciones a partir de planes mal escritos, en especial durante las primeras 12 semanas.

Si es adecuado, preséntate a las reuniones semanales de responsabilidad (RSR). ¡Sé de ánimo! Cuando vayas, lleva tu plan semanal y tu puntaje de la semana pasada para poder liderar con ejemplo.

Asegúrate de revisar el progreso de cada miembro al menos una vez cada tres semanas. Pídele ver sus planes, los planes semanales, sus puntajes y sus mediciones adelantadas y rezagadas. Como dice el viejo adagio, inspecciona cuando tengas expectativas.

Revisión después de la acción

Una de las cualidades de un líder es que siempre está procurando mejorar y ayudar a que su equipo mejore. Al final de las primeras 12 semanas, y de los años subsiguientes, las revisiones después de la acción son una manera efectiva de facilitar el aprendizaje, así como de mejoramiento para ti y tu equipo. Una revisión después de la acción implica tomar tiempo para evaluar e identificar qué funcionó y cómo pueden ser más efectivos la próxima vez. Asegúrate de realizar una revisión exhaustiva después de la acción al finalizar cada año de 12 semanas.

Capítulo 21

Pensamientos finales y la semana #13

Al final de cada año de 12 semanas, hay una semana #13. Esta semana existe como una oportunidad para revisar tus resultados de las 12 semanas anteriores *y* lanzarte al siguiente año de 12 semanas con nuevas metas y un plan para alcanzarlas.

En cierto sentido, este capítulo corresponde a la semana #13 de este libro.

El año de 12 semanas es un sistema que te ayuda a alcanzar un mejor desempeño mediante una ejecución más eficiente. Esperamos que ahora puedas ver cómo este es un sistema completo que cuenta con todo lo que necesitas para mejorar dramáticamente tus resultados casi en cualquier área de tu vida. Eso es *si* te comprometes a implementarlo.

El poder de un año de 12 semanas solo se logra mediante su aplicación. Decenas de miles de nuestros clientes han adoptado el sistema, han ejecutado sus planes y han alcanzado resultados asombrosos. Nuestra más sincera esperanza es que tengas grandes expectativas de lo que esta lectura hará por ti.

El año de 12 semanas es más que solo un sistema. Nuestra visión es impactar positivamente a la mayor cantidad de personas posible.

Gracias por comprar y leer este libro. Si tomas estas ideas y las incorporas a tu vida, creemos que llegarás a verlo como una de las mejores inversiones de tiempo y dinero que jamás hayas hecho. Si *El año de 12 semanas* hace una diferencia en tu vida, compártelo con tus amigos y compañeros de trabajo, comienza un capítulo local o conviértete en un entrenador certificado.

Thomas Edison dijo que, si tan solo hiciéramos lo que somos capaces de hacer, literalmente, nos sorprenderíamos a nosotros mismos. ¡Tú puedes hacer grandes cosas! Tienes todo lo que necesitas para ser grande *ahora mismo*. Deja de desear que las cosas estén bien y comienza donde estás. En muy poco tiempo te asombrarán los cambios en tu manera de pensar, acciones y resultados. Al comienzo de este libro mencioné que la mayoría de nosotros tenemos dos vidas: las que vivimos y las que tenemos la capacidad de vivir. ¡Nunca te conformes con menos de lo que puedes alcanzar!

Ten ánimo,

Brian y Michael

Referencias

Cassara, Lou. *From Selling to Serving: The Essence of Client Creation.*

Chicago: Dearborn Trade Publishing, 2004.

Collins, Jim. *Good to Great: Why Some Companies Make the Leap . . . and Others Don't.* New York: HarperCollins, 2001.

Collins, Jim. "*Leadership Lessons of a Rock Climber*". Fast Company, diciembre de 2003.

Dalton, Amy N., and Stephen A. Spiller. "*Too Much of a Good Thing: The Benefits of Implementation Intentions Depend on the Number of Goals*". Journal of Consumer Research 39 (octubre 2012).

Deutschman, Alan. "Change or Die". *Fast Company*, mayo 1 de 2005.

Duhigg, Charles. *The Power of Habit: Why We Do What We Do in Life and Business.* New York: Random House, 2012.

Heath, Chip, y Dan Heath. *Switch: How to Change Things When Change Is Hard.* New York: Broadway Books, 2010.

Jeffers, Susan. *Feel the Fear and Do It Anyway.* New York: Random House, 1987.

Kelley, Don, y Daryl R. Connor. "*The Emotional Cycle of Change*", en *The 1979 Annual Handbook for Group Facilitators*, editada por John E. Jones y J. William Pfeiffer. New York: John Wiley & Sons, 1979.

Koestenbaum, Peter, y Peter Block. *Freedom and Accountability at Work: Applying Philosophic Insight to the Real World*. San Francisco: Jossey-Bass, 2001.

Lohr, Steve. *"Slow Down, Brave Multitasker, and Don't Read This in Traffic"*. New York Times, marzo 25 de 2007.

Malachowski, Dan. "Wasted Time at Work Still Costing Companies Billions", junio de 2005, www.salary.com/wasted-time-at-work-stillcosting-companies-billions-in-2006/.

Moran, Brian. "Performance Change with Pre-Task Planning Applied Prior to Task Execution". Estudio realizado en 1989 por Senn-Delaney Management Consultants. Los resultados no se publicaron.

Pressfield, Steven. *The War of Art: Break Through the Blocks and Win Your Inner Creative Battles*. New York: Black Irish Entertainment, 2002. U.S. Bureau of Labor Statistics. "American Time Use Survey".